AF081105

MEISTERSCHAFT IM DIGITALEN MARKETING

Strategien und Techniken für Unternehmenswachstum

By
Danish Ali Bajwa & Usama Bajwa

Urheberrecht © 2023 von RK Books Verlag

Der Inhalt dieses Buches darf ohne direkte schriftliche Genehmigung des Autors oder Verlags weder reproduziert, vervielfältigt noch in irgendeiner Form oder mittels eines Wiederabrufsystems, das jetzt bekannt ist oder erfunden wird, übertragen werden. Unter keinen Umständen wird der Verleger oder der Autor für irgendwelche Schäden, Wiedergutmachungen oder finanziellen Verlust haftbar gemacht, die aufgrund der in diesem Buch enthaltenen Informationen entstehen. Weder direkt noch indirekt.

Rechtlicher Hinweis:

Dieses Buch ist urheberrechtlich geschützt. Es dient nur dem persönlichen Gebrauch. Sie dürfen keinen Teil des Inhalts dieses Buches ohne Zustimmung des Autors oder Verlags ändern, verteilen, verkaufen, verwenden, zitieren oder paraphrasieren. Unter "Fair Use" ist eine Zusammenfassung oder ein Zitat mit angemessener Zuschreibung des Autors gestattet.

Haftungsausschluss:

Bitte beachten Sie, dass die in diesem Buch enthaltene Information nur zu Bildungszwecken dient. Alle Anstrengungen wurden unternommen, um genaue, aktuelle, zuverlässige und vollständige Informationen darzustellen. Es werden keine Gewährleistungen jeglicher Art erklärt oder impliziert. Die Leser erkennen an, dass der Autor keine rechtlichen, finanziellen, medizinischen oder beruflichen Ratschläge erteilt. Der Inhalt dieses Buches stammt aus verschiedenen Quellen. Bitte konsultieren Sie einen qualifizierten Fachmann, bevor Sie irgendwelche in diesem Buch beschriebenen Techniken ausprobieren. Durch das Lesen und Verwenden dieses Buches erklärt der Leser sich damit einverstanden, dass der Autor unter keinen Umständen für direkte oder indirekte Verluste haftbar ist, die durch die Verwendung der Informationen in diesem Buch entstehen, einschließlich, aber nicht beschränkt auf Fehler, Auslassungen oder Ungenauigkeiten.

E-Mail: rkbooks16@gmail.com

E-Book ISBN: 978-969-3492-21-7

Taschenbuch ISBN: 978-969-3492-22-4

Gebundenes Buch ISBN: 978-969-3492-23-1

Autorenbiografie

Danish Ali Bajwa und Usama Bajwa, gemeinsam bekannt als die Bajwa-Brüder, sind ein dynamisches Autorenduo, das für ihre vielfältige Palette von veröffentlichten Werken in verschiedenen Genres bekannt ist. In einem Zuhause aufgewachsen, in dem Kreativität und Wissen tief geschätzt wurden, haben diese Brüder ihre angeborene Fähigkeit zum Geschichtenerzählen und zur Erkundung in eine blühende Karriere in der Literatur umgewandelt.

Danish Ali Bajwa ist ein produktiver Schriftsteller mit der einzigartigen Fähigkeit, eine vielfältige Leserschaft anzusprechen. Mit einer klaren Stimme hat er zu einer umfangreichen Sammlung von Kinderbüchern beigetragen, in denen er gekonnt grundlegende Lebenslektionen mit fesselnden Erzählungen verwebt, die junge Köpfe ansprechen. Neben Kinderliteratur umfasst Usamas Portfolio auch mehrere Motivationsbücher. Er besitzt ein untrügliches Gespür dafür, die Leser durch seine überzeugenden Erzählungen und authentischen Darstellungen des menschlichen Geistes zu erheben und zu inspirieren. Usamas Worte dienen als Leuchtfeuer der Positivität, das die Leser dazu inspiriert, ihre Ängste zu überwinden und ihr wahres Potenzial zu erreichen.

Usama Bajwa bringt hingegen eine analytische Perspektive in ihre Schreibzusammenarbeit ein. Mit großem Interesse an der Schnittstelle von Wirtschaft und Technologie hat Danish mehrere informative Bücher verfasst, in denen er komplexe Themen für die Leser zugänglich und ansprechend gestaltet. Danishs Fachwissen in geschäfts- und technologiebezogenen Themen spiegelt sich in seinen umfassenden und intuitiven Leitfäden wider. Er zeichnet sich durch die Präsentation innovativer Ideen und zukünftiger Trends aus, die auf einem fundierten Verständnis zeitgenössischer Geschäftsbedürfnisse beruhen, wodurch seine

Bücher zu einem Grundnahrungsmittel in den Bibliotheken ehrgeiziger Unternehmerinnen und Technikbegeisterter werden.

Zusammen haben Danish und Usama einen einzigartigen und vielfältigen Schreibstil entwickelt, der ihre Leser fesselt und sie von der ersten bis zur letzten Seite in den Bann zieht. Ihre Bücher spiegeln oft die Symbiose ihrer unterschiedlichen Interessen und Expertisen wider sowie das kraftvolle Gleichgewicht zwischen Emotion und Logik. Trotz ihrer vielfältigen Interessen teilen sie das Engagement für die Schaffung qualitativ hochwertiger Literatur, die gleichermaßen fesselnd und aufschlussreich ist. Die Bajwa-Brüder setzen ihre Präsenz in der literarischen Welt fort und schaffen ein Vermächtnis von aufschlussreichen, zum Nachdenken anregenden und bezaubernden Büchern, die wirklich einen Unterschied machen.

INHALTSVERZEICHNIS

Einführung 1

Kapitel 1 Einführung in das digitale Marketing 4

Kapitel 2 Definition Ihrer digitalen Marketingziele 11

Kapitel 3 Entwicklung einer effektiven digitalen Marketingstrategie 18

Kapitel 4 Website-Optimierung und Benutzererfahrung 29

Kapitel 5 Content-Marketing und Storytelling 45

Kapitel 6 Social Media Marketing 55

Kapitel 7 Suchmaschinenmarketing (SEM) und Pay-per-Click (PPC) 67

Kapitel 8 E-Mail-Marketing und Automatisierung 80

Kapitel 9 Influencer-Marketing und Markenpartnerschaften 114

Kapitel 10 Analytik und Leistungsnachverfolgung 128

Kapitel 11 Aufkommende Trends und die Zukunft des digitalen Marketings 140

Kapitel 12 Erstellung eines umsetzbaren Digital-Marketing-Plans 153

EINFÜHRUNG

"Digitales Marketing-Meisterwerk: Strategien und Techniken für Unternehmenswachstum" ist ein umfassender und detaillierter Leitfaden, der es sich zum Ziel setzt, Unternehmern, Geschäftsinhabern und Marketingprofis das Wissen und die Fähigkeiten zu vermitteln, um in der sich ständig weiterentwickelnden Welt des digitalen Marketings erfolgreich zu sein. Da die Technologie weiterhin die Art und Weise verändert, wie wir uns verbinden, kommunizieren und Informationen konsumieren, ist es entscheidend geworden, dass Unternehmen eine starke Online-Präsenz aufbauen und effektiv mit ihrer Zielgruppe interagieren.

In diesem digitalen Zeitalter reichen allein traditionelle Marketingstrategien nicht mehr aus, um nachhaltiges Wachstum zu erzielen. Das digitale Marketing bietet eine Vielzahl von Möglichkeiten und Kanälen, um Kunden zu erreichen und mit ihnen in Verbindung zu treten. Dadurch können Unternehmen ihre Reichweite erweitern, die Sichtbarkeit ihrer Marke verbessern und messbare Ergebnisse erzielen. Allerdings kann die Navigation durch die komplexe und sich ständig verändernde digitale Landschaft überwältigend sein, insbesondere für diejenigen, die neu in diesem Bereich sind oder Schwierigkeiten haben, mit den neuesten Trends und Techniken Schritt zu halten.

Dieses Buch dient als umfassender Leitfaden, um das digitale Marketing zu beherrschen. Es wurde entwickelt, um Ihnen ein solides Grundlagenwissen zu vermitteln und Sie mit praktischen Strategien und Techniken auszustatten, die sich als erfolgreich erwiesen haben. Egal, ob Sie ein Kleinunternehmer sind, der eine Online-Präsenz aufbauen möchte, ein Unternehmer, der ein erfolgreiches digitales Startup starten will, oder ein Marketingprofi, der seine Fähigkeiten verbessern möchte, dieses Buch wird Ihnen ein vertrauenswürdiger Begleiter sein.

Im Verlauf dieses Buches werden wir eine Vielzahl von Themen behandeln, beginnend mit einer Einführung in das digitale Marketing und seine Entwicklung. Wir werden uns mit den grundlegenden Konzepten und Prinzipien befassen, die effektive digitale Marketingstrategien unterstützen, um sicherzustellen, dass Sie ein starkes Verständnis der Kernelemente haben, die für den Erfolg erforderlich sind.

Wir werden Sie durch den Prozess führen, klare und erreichbare Ziele für das digitale Marketing zu definieren, sie mit Ihren allgemeinen Geschäftszielen in Einklang zu bringen und Leistungskennzahlen (KPIs) festzulegen, um Fortschritte zu verfolgen und zu messen. Sie werden lernen, wie Sie Marktforschung und Konkurrenzanalyse durchführen, Ihre Zielgruppe identifizieren und detaillierte Käufer-Personas erstellen, um Ihre Marketingbemühungen zu leiten.

Aufbauend auf diesen Grundlagen werden wir uns mit den wesentlichen Bestandteilen einer robusten digitalen Marketingstrategie befassen. Wir werden Techniken zur Optimierung von Websites untersuchen, um Suchmaschinenrankings zu verbessern, die Benutzererfahrung zu optimieren und Konversionen zu maximieren. Content-Marketing wird im Detail behandelt und Einblicke in die Erstellung überzeugender und ansprechender Inhalte in verschiedenen Formaten und Kanälen gegeben.

Auch Social-Media-Marketing, Suchmaschinenmarketing (SEM) und Pay-per-Click-(PPC-)Werbung werden erforscht und Anleitung zur Nutzung dieser leistungsstarken Werkzeuge gegeben, um Ihre Reichweite zu erweitern, gezielten Traffic zu generieren und Konversionen zu steigern. E-Mail-Marketingstrategien, einschließlich Automatisierung und Personalisierung, werden behandelt, um Ihnen dabei zu helfen, Leads zu pflegen, Kundenbindung aufzubauen und höhere Konversionsraten zu erzielen.

Darüber hinaus werden wir uns mit Influencer-Marketing und Markenpartnerschaften befassen. Wir werden erkunden, wie man relevante

Influencer identifiziert, fruchtbare Zusammenarbeit aufbaut und die Effektivität solcher Kampagnen misst. Analytik und Leistungsnachverfolgung werden ebenfalls ausführlich besprochen, um Ihnen datengesteuerte Entscheidungen zu ermöglichen, Ihre Marketingbemühungen zu optimieren und kontinuierliche Verbesserungen zu erzielen.

Außerdem werden wir aufkommende Trends und zukünftige Entwicklungen im digitalen Marketing untersuchen und Ihnen Einblicke in die neuesten Technologien und Innovationen geben, die die Branche prägen. Wir werden die Rolle von künstlicher Intelligenz und Automatisierung untersuchen und zeigen, wie Sie diese Fortschritte nutzen können, um einen Wettbewerbsvorteil zu erlangen.

Um Ihnen bei der Anwendung des in diesem Buch erworbenen Wissens zu helfen, werden wir Sie bei der Erstellung eines umsetzbaren digitalen Marketingplans unterstützen. Wir werden Budgetierung und Ressourcenzuweisung diskutieren und die Bedeutung der Überwachung, des Testens und der Optimierung Ihrer Strategien betonen, um einen anhaltenden Erfolg zu gewährleisten.

Am Ende dieses Buches werden Sie ein umfassendes Verständnis für digitales Marketing und die Strategien und Techniken haben, die für das Wachstum eines Unternehmens erforderlich sind. Sie werden über praktisches Wissen, realitätsnahe Beispiele und wertvolle Einblicke verfügen, um mit Zuversicht durch die dynamische digitale Landschaft zu navigieren. Ob Sie ein Neuling im Bereich digitales Marketing oder ein erfahrener Profi sind, "Digitales Marketing-Meisterwerk: Strategien und Techniken für Unternehmenswachstum" wird Ihre erste Anlaufstelle sein, um die Kunst und Wissenschaft des digitalen Marketings zu beherrschen.

Kapitel 1
Einführung in das digitale Marketing

Verständnis der digitalen Marketing-Landschaft

In der heutigen vernetzten Welt ist das digitale Marketing zu einem unverzichtbaren Werkzeug für Unternehmen geworden, die im Wettbewerbsumfeld erfolgreich sein möchten. In diesem Kapitel tauchen wir in die komplexe und dynamische Landschaft des digitalen Marketings ein und erforschen seine verschiedenen Bestandteile sowie deren Wechselwirkungen, um ein ganzheitliches Marketing-Ökosystem zu schaffen.

Wir beginnen mit der Definition des digitalen Marketings und seiner Bedeutung in der modernen Geschäftsumgebung. Digitales Marketing umfasst eine breite Palette von Online-Marketingaktivitäten, die digitale Kanäle wie Websites, Suchmaschinen, Social-Media-Plattformen, E-Mail und mobile Anwendungen nutzen, um mit der Zielgruppe in Verbindung zu treten und gewünschte Ergebnisse zu erzielen.

Als nächstes erkunden wir die digitalen Marketingkanäle, die Unternehmen zur Verfügung stehen, und verstehen ihre einzigartigen Eigenschaften, Vorteile und Überlegungen. Wir vertiefen uns in das Suchmaschinenmarketing (SEM) und die Suchmaschinenoptimierung (SEO), die darauf abzielen, die Sichtbarkeit zu verbessern und organischen und bezahlten Traffic von Suchmaschinen zu generieren. Wir betrachten auch Social-Media-Marketing, Content-Marketing, E-Mail-Marketing, Display-Werbung und andere bedeutende Kanäle, die Unternehmen ermöglichen, auf sinnvolle Weise mit ihrem Publikum in Kontakt zu treten.

Darüber hinaus diskutieren wir die Bedeutung des Mobile Marketings und berücksichtigen das exponentielle Wachstum der Nutzung von mobilen Geräten und dessen Auswirkungen auf das Verbraucherverhalten. Die mobile Optimierung, responsives Design und der Aufstieg von mobilen Anwendungen sind alles entscheidende Aspekte einer umfassenden digitalen Marketingstrategie.

Des Weiteren untersuchen wir das Konzept der Benutzererfahrung (User Experience, UX) und ihre Rolle im digitalen Marketing. Das Verständnis, wie man intuitive und benutzerfreundliche Benutzeroberflächen entwirft, die Leistung einer Website optimiert und nahtlose Kundenreisen schafft, sind entscheidende Überlegungen für erfolgreiche digitale Marketingkampagnen.

Mit unserem Fortschreiten widmen wir uns der Bedeutung des datengetriebenen Marketings und der Nutzung von Analysetools. Wir besprechen die Wichtigkeit der Verfolgung und Messung von Leistungskennzahlen (Key Performance Indicators, KPIs) wie Website-Traffic, Konversionsraten, Kundenbindung und Return on Investment (ROI). Durch die Nutzung der Kraft der Daten können Unternehmen wertvolle Einblicke in das Kundenverhalten, Präferenzen und Trends gewinnen, die ihnen helfen, fundierte Marketingentscheidungen zu treffen.

Außerdem erforschen wir das Zusammenspiel von digitalem Marketing und traditionellen Marketingmethoden. Während das traditionelle Marketing nach wie vor relevant ist, bietet das digitale Marketing einzigartige Vorteile wie Echtzeit-Feedback, präzise Zielgruppenansprache sowie die Möglichkeit zur Anpassung und Personalisierung von Botschaften. Wir diskutieren die Integration digitaler und traditioneller Marketingstrategien, um zusammenhängende und wirkungsvolle Kampagnen zu erstellen.

Am Ende dieses Kapitels werden die Leser ein umfassendes Verständnis der digitalen Marketing-Landschaft haben, einschließlich ihrer verschiedenen Kanäle, Überlegungen und der Bedeutung datengetriebener Entscheidungsfindung. Dieses Wissen wird als solide Grundlage für die folgenden Kapitel dienen, in denen wir tiefer in spezifische digitale

Marketingstrategien und -techniken für das Unternehmenswachstum eintauchen.

Die Evolution des digitalen Marketings

In diesem Kapitel begeben wir uns auf eine Reise durch die Evolution des digitalen Marketings und verfolgen seine Ursprünge von den Anfängen des Internets bis zu seiner heutigen Bedeutung in der Marketinglandschaft. Das Verständnis der Evolution des digitalen Marketings ermöglicht es uns, seine transformative Kraft und die signifikante Auswirkung, die es weltweit auf Unternehmen hatte, zu schätzen.

Wir beginnen damit, die Geburt des Internets und seinen tiefgreifenden Einfluss auf die Kommunikation und den Austausch von Informationen zu erkunden. Mit dem Aufkommen des World Wide Web erhielten Unternehmen eine neue Plattform, um ihre Produkte und Dienstleistungen einem globalen Publikum zu präsentieren. Frühe Websites dienten als digitale Broschüren und lieferten grundlegende Informationen und Kontaktmöglichkeiten.

Mit der weiteren Entwicklung des Internets entwickelte sich auch das digitale Marketing weiter. Das Aufkommen von Suchmaschinen wie Yahoo, AltaVista und schließlich Google löste die Notwendigkeit für Unternehmen aus, ihre Online-Präsenz zu optimieren. Die Suchmaschinenoptimierung (SEO) wurde zu einem entscheidenden Aspekt des digitalen Marketings, der es Websites ermöglichte, in den Suchergebnissen höher zu ranken und organischen Traffic anzuziehen.

Die Einführung von Social-Media-Plattformen wie MySpace, Facebook, Twitter und Instagram revolutionierte die Art und Weise, wie Menschen online miteinander in Verbindung traten und interagierten. Unternehmen erkannten schnell das Potenzial für Social-Media-Marketing und nutzten diese Plattformen, um mit Kunden in Kontakt zu treten, Markengemeinschaften aufzubauen und Markenloyalität zu fördern.

Der Aufstieg mobiler Geräte beschleunigte die Evolution des digitalen Marketings weiter. Mit Smartphones, die zu einem integralen Bestandteil des täglichen Lebens wurden, mussten Unternehmen ihre Strategien an ein mobiles Publikum anpassen. Mobile-optimierte Websites, mobile Apps und standortbasierte Marketingstrategien entstanden, um den wachsenden Anforderungen von Verbrauchern unterwegs gerecht zu werden.

Die Ära der Big Data brachte dem digitalen Marketing eine neue Dimension. Mit der Möglichkeit, umfangreiche Mengen an Kundendaten zu erfassen und zu analysieren, erhielten Unternehmen wertvolle Einblicke in das Verbraucherverhalten, Präferenzen und Kaufmuster. Dieser datengesteuerte Ansatz ermöglichte es Marketern, ihre Botschaften zu personalisieren, gezielte Werbung zu schalten und Kampagnen für maximale Wirkung zu optimieren.

Technologische Fortschritte wie künstliche Intelligenz (KI), maschinelles Lernen und Automatisierung haben das digitale Marketing weiter transformiert. Chatbots mit KI vereinfachen Kundeninteraktionen, während automatisierte E-Mail-Marketing-Workflows Leads pflegen und Konversionen fördern. Algorithmen für programmatische Werbung optimieren die Platzierung von Anzeigen und erreichen präzise das richtige Publikum zur richtigen Zeit.

Heutzutage entwickelt sich das digitale Marketing weiterhin in rasantem Tempo. Die Einführung von Sprachsuche, Virtual Reality (VR), Augmented Reality (AR) und anderen aufstrebenden Technologien bietet neue Chancen und Herausforderungen für Vermarkter. Es ist entscheidend für Unternehmen, über diese Entwicklungen auf dem Laufenden zu bleiben, um wettbewerbsfähig zu bleiben und ihre Zielgruppen effektiv anzusprechen.

Bedeutung des digitalen Marketings für das Unternehmenswachstum

Durch das Verständnis der Evolution des digitalen Marketings gewinnen wir Einblicke in den historischen Kontext, Meilensteine und die zugrunde liegenden Faktoren, die seine heutige Landschaft geprägt haben. Dieses Wissen bildet eine Grundlage für die Erkundung der in den folgenden Kapiteln behandelten Strategien und Techniken und ermöglicht es Unternehmen, das volle Potenzial des digitalen Marketings zur Förderung von Wachstum und Erfolg zu nutzen.Bedeutung des digitalen Marketings für das Unternehmenswachstum

In diesem Kapitel gehen wir auf die grundlegenden Gründe ein, warum digitales Marketing für Unternehmen, die nachhaltiges Wachstum und Erfolg in der heutigen stark umkämpften Marktsituation anstreben, von entscheidender Bedeutung ist. Da sich die Technologie weiterentwickelt und das Verbraucherverhalten sich verändert, müssen Unternehmen ihre Marketingstrategien anpassen, um die Kraft digitaler Kanäle optimal nutzen zu können.

Zunächst einmal bietet das digitale Marketing eine beispiellose Reichweite und Zugänglichkeit. Das Internet hat Menschen aus aller Welt miteinander verbunden und Unternehmen eine globale Plattform geboten, um ihre Produkte oder Dienstleistungen zu präsentieren. Mit einer gut durchdachten digitalen Marketingstrategie können Unternehmen geografische Grenzen überwinden und spezifische Zielgruppen präzise ansprechen. Diese Reichweite und Zugänglichkeit eröffnen neue Wachstumschancen und ermöglichen Unternehmen eine exponentielle Erweiterung ihrer Kundengrundlage.

Digitales Marketing bietet auch gezielte Zielgruppenansprache. Im Gegensatz zu traditionellen Marketingmethoden ermöglicht digitales Marketing Unternehmen, ihre idealen Kunden effektiver zu identifizieren und anzusprechen. Über verschiedene digitale Kanäle können Unternehmen Daten zu den Vorlieben, dem Verhalten und der demografischen Zusammensetzung der Verbraucher sammeln. Diese Daten können dann genutzt werden, um personalisierte und relevante Marketingnachrichten zu erstellen, was die Chancen erhöht, die Aufmerksamkeit und das Interesse potenzieller Kunden zu gewinnen. Die Fähigkeit, gezielte Botschaften zur richtigen Zeit an das richtige Publikum zu liefern, steigert deutlich die Effizienz und Effektivität von Marketingbemühungen.

Darüber hinaus bietet das digitale Marketing messbare Ergebnisse und eine höhere Rendite (Return on Investment, ROI). Im Gegensatz zu traditionellen Marketingkanälen, die oft auf Schätzungen und Annahmen beruhen, ermöglicht digitales Marketing eine präzise Verfolgung und Messung von Leistungskennzahlen (Key Performance Indicators, KPIs). Unternehmen können Metriken wie Website-Traffic, Konversionsraten, Engagement-Levels und Verkaufsdaten in Echtzeit überwachen. Dieser datengetriebene Ansatz ermöglicht es Unternehmen, ihre Kampagnen zu optimieren, Verbesserungspotenziale zu identifizieren und Ressourcen effizienter zuzuweisen. Die Möglichkeit, Marketingbemühungen zu messen und zu analysieren, stellt sicher, dass Unternehmen datengestützte Entscheidungen treffen können, was zu einer höheren Rendite und einer effektiveren Verwendung von Marketingbudgets führt.

Digitales Marketing fördert auch das Kundenengagement und den Aufbau von Beziehungen. Über Social-Media-Plattformen, Blogs, E-Mail-Marketing und andere digitale Kanäle können Unternehmen in eine Kommunikation mit ihren Kunden treten. Dadurch können Unternehmen Kundenfeedback erhalten, Anliegen ansprechen und Vertrauen und Loyalität aufbauen. Indem sie wertvolle und ansprechende Inhalte bereitstellen, können Unternehmen sich als Meinungsführer etablieren und langfristige Beziehungen zu ihren Kunden aufbauen. Die Fähigkeit, bedeutungsvolle Verbindungen zu Kunden herzustellen, trägt zum langfristigen Unternehmenswachstum und zur Kundenbindung bei.

Schließlich bietet das digitale Marketing Flexibilität und Agilität. In der schnelllebigen digitalen Landschaft müssen Unternehmen anpassungsfähig sein und auf Markttrends und Verbraucheranforderungen reagieren können. Digitales Marketing ermöglicht schnelle Anpassungen und Modifikationen von Kampagnen, sodass Unternehmen relevant bleiben und einen Wettbewerbsvorteil behalten können. Die Möglichkeit, Marketingstrategien in Echtzeit zu testen, zu überarbeiten und zu optimieren, verleiht Unternehmen die Agilität, die sie benötigen, um aufkommende Chancen zu nutzen und auf sich ändernde Marktdynamiken zu reagieren.

Zusammenfassend ist digitales Marketing von entscheidender Bedeutung für das Unternehmenswachstum im digitalen Zeitalter. Seine weite Reichweite, gezielte Ansprache, Messbarkeit, Aufbau von Kundenbeziehungen und Flexibilität machen es zu einem unverzichtbaren Werkzeug für Unternehmen, die florieren und erfolgreich sein möchten. Durch die Annahme von digitalen Marketingstrategien können Unternehmen neue Wachstumschancen erschließen, ihre Zielgruppen effektiv erreichen und nachhaltiges Unternehmenswachstum erreichen.

KAPITEL 2
Definition Ihrer digitalen Marketingziele

SCHLAU -Ziele für das digitale Marketing setzen

In diesem Kapitel gehen wir auf den Prozess der Festlegung klarer und handlungsorientierter Ziele für Ihre digitalen Marketingbemühungen ein. Ohne klar definierte Ziele können Unternehmen Schwierigkeiten haben, Fortschritte zu messen, Ressourcen effektiv zuzuweisen und letztendlich bedeutungsvolle Ergebnisse zu erzielen. Durch die Anwendung des SMART-Rahmens können Unternehmen sicherstellen, dass ihre digitalen Marketingziele spezifisch, messbar, erreichbar, relevant und zeitgebunden sind.

Wir beginnen damit, die Bedeutung von Spezifität bei der Festlegung von digitalen Marketingzielen zu betonen. Vage oder allgemeine Ziele können zu Verwirrung und mangelnder Richtung führen. Stattdessen sollten Ziele spezifisch und klar definiert sein, indem sie das gewünschte Ergebnis detailliert beschreiben. Ein spezifisches Ziel könnte zum Beispiel sein, den Website-Traffic innerhalb der nächsten sechs Monate um 20% zu steigern.

Als nächstes erforschen wir das Konzept der Messbarkeit bei der Zielsetzung. Effektive digitale Marketingziele sollten quantifizierbar sein, um Unternehmen die Verfolgung von Fortschritten und die Bestimmung des Erfolgs zu ermöglichen. Messbare Ziele ermöglichen es Unternehmen, Daten zu sammeln und zu analysieren, um Einblicke in die Wirksamkeit ihrer Marketingbemühungen zu gewinnen. Beispiele für messbare Ziele könnten sein, das Engagement in den sozialen Medien um 25% zu steigern oder eine Konversionsrate von 15% auf einer bestimmten Landingpage zu erreichen.

Darüber hinaus diskutieren wir die Bedeutung der Festlegung erreichbarer Ziele, die realistisch und umsetzbar sind, basierend auf den Ressourcen und Fähigkeiten des Unternehmens. Während es wichtig ist, hoch zu zielen, kann die Festlegung unerreichbarer Ziele zu Frustration und Demotivation führen. Indem Unternehmen Ziele setzen, die herausfordernd, aber erreichbar sind, können sie Schwung und ein Gefühl der Erfüllung aufrechterhalten, während sie Fortschritte machen.

Relevanz ist ein weiterer entscheidender Faktor bei der Zielsetzung. Digitale Marketingziele sollten mit den übergeordneten Unternehmenszielen übereinstimmen und zum Wachstum und Erfolg der Organisation beitragen. Jedes Ziel sollte eine klare Verbindung zur umfassenderen Marketingstrategie haben und die langfristige Vision des Unternehmens unterstützen. Die Gewährleistung der Relevanz der Ziele hilft dabei, den Fokus zu wahren und sicherzustellen, dass die Bemühungen auf sinnvolle Ergebnisse ausgerichtet sind.

Schließlich betonen wir die Bedeutung von zeitgebundenen Zielen. Ohne einen konkreten Zeitrahmen können Ziele möglicherweise den Sinn für Dringlichkeit verlieren und möglicherweise keine Handlungen vorantreiben. Die Festlegung eines Termins schafft ein Gefühl der Verantwortlichkeit und bietet einen Rahmen für Planung und Umsetzung. Unternehmen sollten realistische Zeitpläne für die Erreichung ihrer digitalen Marketingziele festlegen und dabei Faktoren wie Saisonalität, Marktkonditionen und verfügbare Ressourcen berücksichtigen.

Im Verlauf dieses Kapitels geben wir praktische Beispiele und Anleitungen, wie der SMART-Rahmen auf die Festlegung von digitalen Marketingzielen angewendet werden kann. Wir diskutieren gängige Fallstricke, die vermieden werden sollten, und geben Tipps, wie Herausforderungen während des Zielsetzungsprozesses bewältigt werden können. Am Ende dieses Kapitels haben die Leser die Werkzeuge und Kenntnisse, um klare, handlungsorientierte und SMARTe Ziele zu definieren, die ihre digitalen Marketingstrategien leiten und zum Wachstum und Erfolg ihrer Unternehmen beitragen werden.

Geschäftsziele mit digitalen Marketingzielen in Einklang bringen

In diesem Kapitel widmen wir uns dem wichtigen Prozess der Abstimmung von Geschäftszielen mit den Zielen des digitalen Marketings. Eine starke Abstimmung zwischen beiden gewährleistet, dass die Bemühungen im digitalen Marketing zweckmäßig, fokussiert und direkt zum Gesamterfolg des Unternehmens beitragen.

Verständnis der Geschäftsziele

Zu Beginn betonen wir die Bedeutung einer klaren Definition und des Verständnisses der Geschäftsziele. Diese Ziele dienen als Grundlage für die gesamte Organisation und beeinflussen Entscheidungsprozesse auf allen Ebenen. Geschäftsziele können die Steigerung des Marktanteils, die Expansion in neue Märkte, die Steigerung des Umsatzes, die Verbesserung der Kundenbindung oder die Einführung neuer Produkte oder Dienstleistungen umfassen. Indem Unternehmen die übergeordneten Ziele verstehen, können sie erkennen, wie das digitale Marketing diese Ziele unterstützen und vorantreiben kann.

Identifizierung von digitalen Marketingchancen

Sobald die Geschäftsziele klar sind, geht es darum, die digitalen Marketingchancen zu identifizieren, die mit diesen Zielen übereinstimmen. Dies umfasst eine gründliche Analyse des Zielmarktes, der Kundenpräferenzen, der Wettbewerbslandschaft und der verfügbaren Ressourcen. Durch das Verständnis der Marktbedingungen und des Kundenverhaltens können Unternehmen die spezifischen digitalen Marketingkanäle, -strategien und -taktiken ermitteln, die am effektivsten sind, um die gewünschten Geschäftsergebnisse zu erzielen.

Definition der Ziele des digitalen Marketings

Basierend auf den identifizierten Chancen können Unternehmen dann ihre Ziele für das digitale Marketing festlegen. Diese Ziele sollten mit den übergeordneten Geschäftszielen übereinstimmen und direkt zu deren Verwirklichung beitragen. Wenn zum Beispiel das Geschäftsziel die

Steigerung des Marktanteils ist, könnte das entsprechende Ziel des digitalen Marketings darin bestehen, die Markenbekanntheit zu steigern und durch gezielte Social-Media-Kampagnen oder Suchmaschinenoptimierung eine größere Zielgruppe zu erreichen. Durch die Abstimmung der Ziele des digitalen Marketings mit den Geschäftszielen stellen Unternehmen sicher, dass ihre Bemühungen fokussiert sind und eine direkte Auswirkung auf das gesamte Wachstum haben.

Festlegung von Leistungskennzahlen (KPIs)

Um den Fortschritt zu verfolgen und den Erfolg von digitalen Marketingmaßnahmen zu messen, müssen Unternehmen Leistungskennzahlen (KPIs) festlegen. KPIs sind spezifische Kennzahlen, die den Erfolg der Ziele des digitalen Marketings widerspiegeln. Sie können Kennzahlen wie Website-Traffic, Konversionsraten, Kundenbindung, Return on Investment (ROI) oder Social-Media-Follower umfassen. Durch die Festlegung klarer KPIs können Unternehmen die Wirksamkeit ihrer digitalen Marketingstrategien überwachen und bewerten sowie datenbasierte Entscheidungen treffen, um ihre Bemühungen zu optimieren.

Fortlaufende Evaluierung und Anpassung

Zuletzt betonen wir die Bedeutung der fortlaufenden Evaluierung und Anpassung im Abstimmungsprozess. Geschäftsziele und Marktbedingungen können sich im Laufe der Zeit ändern, und digitale Marketingstrategien müssen entsprechend weiterentwickelt werden. Durch regelmäßige Neubewertung und Neuausrichtung der digitalen Marketingziele an den Geschäftszielen stellen Unternehmen sicher, dass die Strategien relevant und effektiv bleiben, um das Wachstum voranzutreiben. Indem sie flexibel und reaktionsschnell auf Marktveränderungen bleiben, können Unternehmen ihre digitalen Marketingbemühungen optimieren und aufkommende Chancen nutzen.

Im Verlauf dieses Kapitels geben wir praktische Einblicke und Beispiele, um zu veranschaulichen, wie Unternehmen ihre Ziele im digitalen Marketing mit ihren umfassenderen Geschäftszielen in Einklang bringen können. Durch die Ausrichtung dieser beiden wichtigen Komponenten können Unternehmen die Auswirkungen ihrer digitalen Marketingstrategien maximieren und bedeutsame und messbare Ergebnisse erzielen, die direkt zum allgemeinen Wachstum und Erfolg des Unternehmens beitragen.

Festlegung von Leistungskennzahlen (KPIs)

In diesem Kapitel widmen wir uns dem Prozess der Festlegung von Leistungskennzahlen (KPIs) für das digitale Marketing. KPIs spielen eine entscheidende Rolle bei der Verfolgung von Fortschritten, der Bewertung des Erfolgs und der Optimierung von digitalen Marketingmaßnahmen. Indem klare und relevante KPIs definiert werden, können Unternehmen ihre Leistung effektiv messen und datenbasierte Entscheidungen treffen, um Wachstum zu fördern und ihre digitalen Marketingziele zu erreichen.

Verständnis der Leistungskennzahlen (KPIs)

Zu Beginn vermitteln wir ein umfassendes Verständnis davon, was KPIs sind und welche Bedeutung sie im digitalen Marketing haben. KPIs sind spezifische Kennzahlen, die die Leistung und den Fortschritt bei der Erreichung von digitalen Marketingzielen widerspiegeln. Sie bieten eine quantifizierbare Möglichkeit, den Erfolg zu messen, die Effektivität zu bewerten und Verbesserungspotenziale zu identifizieren. Die Auswahl der KPIs kann je nach Art des Unternehmens, den spezifischen digitalen Marketingzielen und den eingesetzten Kanälen oder Taktiken variieren.

Ausrichtung der KPIs an den digitalen Marketingzielen

Der nächste Schritt besteht darin, die gewählten KPIs mit den zuvor definierten digitalen Marketingzielen abzustimmen. Die KPIs sollten direkt die gewünschten Ergebnisse widerspiegeln und Einblicke in die Effektivität der eingesetzten Strategien und Taktiken liefern. Wenn zum Beispiel das digitale Marketingziel darin besteht, den Website-Traffic zu steigern, könnten relevante KPIs Kennzahlen wie die Anzahl der eindeutigen Besucher, Seitenaufrufe oder die Absprungrate umfassen. Durch die Ausrichtung der KPIs an den Zielen stellen Unternehmen sicher, dass sie die richtigen Kennzahlen verfolgen, die direkt zu den gewünschten Ergebnissen beitragen.

Auswahl relevanter und messbarer KPIs

Bei der Auswahl von KPIs ist es wichtig, solche auszuwählen, die sowohl relevant als auch messbar sind. Relevante KPIs stehen in direktem Zusammenhang mit den spezifischen Zielen und Zielsetzungen der digitalen Marketingkampagne. Sie liefern aussagekräftige Einblicke in den Fortschritt bei der Erreichung dieser Ziele. Messbare KPIs sind hingegen quantifizierbar und ermöglichen die Verfolgung und den Vergleich im Laufe der Zeit. Dies gewährleistet, dass der Fortschritt objektiv bewertet und gemessen werden kann. Durch die Auswahl relevanter und messbarer KPIs können Unternehmen ein klares Verständnis ihrer Leistung erlangen und fundierte Entscheidungen treffen.

Verwendung eines ausgewogenen Satzes von KPIs

Ein ausgewogener Satz von KPIs bietet einen umfassenden Überblick über die Leistung in verschiedenen Bereichen des digitalen Marketings. Er umfasst eine Kombination von führenden Indikatoren wie Website-Traffic oder Social-Media-Engagement sowie nachlaufenden Indikatoren wie Konversionsraten oder Kundenwert über die Lebensdauer. Dieser ausgewogene Ansatz ermöglicht es Unternehmen, sowohl den kurzfristigen Fortschritt als auch den langfristigen Erfolg zu überwachen. Durch die Verwendung einer Reihe von KPIs erhalten Unternehmen ein umfassendes Verständnis ihrer Leistung im digitalen Marketing.

Überwachung, Analyse und Optimierung der KPIs

Sobald die KPIs festgelegt sind, ist es entscheidend, diese regelmäßig zu überwachen, zu analysieren und basierend auf den gewonnenen Erkenntnissen zu optimieren. Unternehmen sollten Analysetools und Berichtssysteme nutzen, um die ausgewählten KPIs zu verfolgen. Eine regelmäßige Überwachung ermöglicht die rechtzeitige Identifizierung von Trends, Mustern und Verbesserungsmöglichkeiten. Die Analyse von KPI-Daten liefert wertvolle Einblicke in die Effektivität der digitalen Marketingstrategien und zeigt auf, was gut funktioniert und welche Bereiche angepasst werden müssen. Die Optimierung umfasst datenbasierte Entscheidungen und die Umsetzung von Änderungen zur Verbesserung der Leistung und Maximierung der Ergebnisse.

Im Verlauf dieses Kapitels bieten wir praktische Anleitungen zur Festlegung relevanter und messbarer KPIs für digitale Marketingkampagnen. Wir betonen die Bedeutung der Ausrichtung der KPIs an den Zielen, der Auswahl eines ausgewogenen Satzes von Metriken sowie der kontinuierlichen Überwachung und Optimierung der Leistung. Durch die effektive Nutzung von KPIs können Unternehmen Fortschritte verfolgen, den Erfolg messen und fundierte Entscheidungen treffen, um Wachstum zu fördern und ihre Ziele im digitalen Marketing zu erreichen.

KAPITEL 3
Entwicklung einer effektiven digitalen Marketingstrategie

In diesem Kapitel widmen wir uns dem Prozess der Entwicklung einer effektiven digitalen Marketingstrategie. Eine gut durchdachte Strategie dient Unternehmen als Leitfaden und skizziert die Schritte und Taktiken, die erforderlich sind, um ihre Ziele im digitalen Marketing zu erreichen und nachhaltiges Wachstum zu fördern. Durch die Befolgung eines systematischen Ansatzes können Unternehmen ihre digitalen Marketingbemühungen maximieren und ihre Zielgruppe effektiv erreichen.

Zu Beginn erörtern wir die Bedeutung gründlicher Marktforschung und Wettbewerbsanalyse. Das Verständnis des Marktumfelds und der Wettbewerbssituation ist entscheidend, um Chancen zu identifizieren, das Unternehmen von Wettbewerbern abzuheben und Marketingbotschaften zu entwickeln, die bei der Zielgruppe Anklang finden. Marktforschung liefert Erkenntnisse über Kundenpräferenzen, Verhaltensweisen und Trends, während die Wettbewerbsanalyse Unternehmen dabei hilft, ihre Stärken, Schwächen und einzigartigen Verkaufsargumente zu erkennen.

Anschließend vertiefen wir uns in den Prozess der Identifizierung und des Verständnisses der Zielgruppe. Durch die Erstellung detaillierter Käufer-Personas gewinnen Unternehmen ein tiefes Verständnis für ihre idealen Kunden, einschließlich demografischer Merkmale, Interessen, Schmerzpunkte und Motivationen. Diese Informationen ermöglichen es Unternehmen, ihre digitalen Marketingstrategien zielgerichtet auf ihre

Zielgruppe auszurichten, was letztendlich zu einer höheren Konversionsrate und Kundentreue führt.

Die Auswahl der richtigen digitalen Marketingkanäle ist ein weiterer entscheidender Aspekt bei der Entwicklung einer effektiven Strategie. Wir erörtern die verschiedenen verfügbaren Kanäle, darunter Suchmaschinenmarketing (SEM), Social-Media-Marketing, E-Mail-Marketing, Content-Marketing und mehr. Jeder Kanal hat seine Stärken und Besonderheiten, und Unternehmen sollten diejenigen auswählen, die den Präferenzen ihrer Zielgruppe und den Unternehmenszielen entsprechen. Das Verständnis der einzigartigen Vorteile und bewährten Verfahren jedes Kanals ermöglicht es Unternehmen, Ressourcen effektiv zuzuweisen und ihre digitalen Marketingbemühungen zu optimieren.

Darüber hinaus erkunden wir die Bedeutung des Content-Marketings für den Erfolg im digitalen Marketing. Content ist das Rückgrat des digitalen Marketings und ermöglicht es Unternehmen, ihr Publikum einzubinden, zu informieren und zu inspirieren. Wir erörtern die Bedeutung der Erstellung hochwertigen und relevanten Contents in verschiedenen Formaten wie Blog-Artikeln, Videos, Infografiken und Podcasts. Die Entwicklung einer Content-Vertriebsstrategie stellt sicher, dass der richtige Content über die geeigneten Kanäle verbreitet wird und so seine Reichweite und Wirkung maximiert werden.

Außerdem betonen wir die Rolle des Social-Media-Marketings beim Aufbau von Markenbekanntheit, der Pflege von Kundenbeziehungen und der Steigerung von Konversionen. Wir besprechen Strategien für die Erstellung von ansprechendem Social-Media-Content, die Nutzung von nutzergeneriertem Content und den Einsatz von Social-Media-Werbung zur gezielten Ansprache spezifischer Zielgruppensegmente. Das Verständnis der Dynamik und bewährten Verfahren von Social-Media-Plattformen ermöglicht es Unternehmen, ihre Reichweite und Interaktion mit ihrem Publikum zu maximieren.

Die Messung und Analyse spielen eine entscheidende Rolle bei der Optimierung von digitalen Marketingstrategien. Wir betonen die Bedeutung der Implementierung von Analysetools wie Google Analytics, um wichtige Leistungskennzahlen (KPIs) zu verfolgen und zu messen. Indem Unternehmen Daten analysieren und die Leistung verschiedener digitaler Marketinginitiativen überwachen, können sie wertvolle Einblicke gewinnen, Verbesserungspotenziale identifizieren und datenbasierte Entscheidungen treffen, um ihre Strategien kontinuierlich zu optimieren.

Schließlich betonen wir die Bedeutung kontinuierlichen Lernens und Anpassens in der sich ständig weiterentwickelnden digitalen Marketinglandschaft. Digitale Marketingstrategien müssen flexibel und anpassungsfähig sein, um dem Wandel voraus zu bleiben. Das Beobachten von Branchentrends, das Informieren über aufkommende Technologien sowie das Testen und Iterieren von Strategien sind von entscheidender Bedeutung, um einen Wettbewerbsvorteil zu wahren und kontinuierliche Verbesserungen zu erzielen.

Am Ende dieses Kapitels werden die Leser ein umfassendes Verständnis für die wichtigen Bestandteile haben, die bei der Entwicklung einer effektiven digitalen Marketingstrategie eine Rolle spielen. Sie werden über das Wissen und die Werkzeuge verfügen, um Marktforschung durchzuführen, Zielgruppen zu definieren, geeignete Kanäle auszuwählen, überzeugenden Content zu erstellen, die Leistung zu messen und ihre Strategien an die sich ständig wandelnde digitale Marketinglandschaft anzupassen, um langfristigen Erfolg zu erzielen.

Durchführung von Marktforschung und Wettbewerbsanalyse

In diesem Kapitel erkunden wir die entscheidenden Schritte der Durchführung von Marktforschung und Wettbewerbsanalyse als Teil des Aufbaus einer effektiven digitalen Marketingstrategie. Diese Aktivitäten liefern wertvolle Einblicke in das Marktumfeld, das Verhalten der Verbraucher und die Positionierung der Wettbewerber. Durch das

Verständnis der Marktmechanismen und der Wettbewerbssituation können Unternehmen Chancen identifizieren, sich differenzieren und ihre digitalen Marketingstrategien so anpassen, dass sie bei ihrer Zielgruppe erfolgreich ankommen.

Marktforschung Das Marktumfeld verstehen

Wir beginnen damit, die Bedeutung einer umfassenden Marktforschung zu betonen. Marktforschung umfasst das Sammeln und Analysieren von Daten im Zusammenhang mit dem Zielmarkt, den Branchentrends, den Kundenpräferenzen und der Marktnachfrage. Sie hilft Unternehmen, ein tiefes Verständnis des Marktumfelds zu gewinnen, sodass sie fundierte Entscheidungen treffen und Strategien entwickeln können, die den Marktbedürfnissen gerecht werden. Zu den Methoden der Marktforschung können Umfragen, Interviews, Fokusgruppen und die Analyse von Branchenberichten und Daten gehören.

Identifizierung der Zielgruppe: Erstellung von Buyer-Personas

Als Nächstes gehen wir auf den Prozess der Identifizierung und des Verständnisses der Zielgruppe ein. Durch die Erstellung detaillierter Buyer-Personas können Unternehmen ein klares Bild ihrer idealen Kunden entwickeln. Buyer-Personas sind fiktive Darstellungen der Zielgruppe, einschließlich demografischer Informationen, Interessen, Schmerzpunkte, Motivationen und Verhaltensmuster. Dieses Verständnis ermöglicht es Unternehmen, ihre digitalen Marketingstrategien gezielt auf ihre Zielgruppe auszurichten, indem sie die richtigen Botschaften über die richtigen Kanäle vermitteln.

Wettbewerbsanalyse: Verständnis der Wettbewerbslandschaft

Die Wettbewerbsanalyse ist ein weiterer wichtiger Bestandteil der Marktforschung. Sie umfasst die Bewertung der Stärken und Schwächen von Wettbewerbern, ihrer Marktpositionierung und ihrer digitalen Marketingstrategien. Durch die Untersuchung der Websites der

Wettbewerber, ihrer Präsenz in den sozialen Medien, ihres Contents, ihrer Werbekampagnen und der Kundenbewertungen können Unternehmen Einblicke gewinnen, was gut funktioniert, und Möglichkeiten erkennen. Die Wettbewerbsanalyse hilft Unternehmen dabei, sich zu differenzieren, Branchenbenchmarks zu verstehen und Strategien zu identifizieren, die ihnen einen Wettbewerbsvorteil verschaffen können.

Identifikation von Chancen SWOT-Analyse

Im Rahmen der Marktforschung und Wettbewerbsanalyse ist die Durchführung einer SWOT-Analyse äußerst nützlich. SWOT steht für Stärken, Schwächen, Chancen und Bedrohungen. Sie hilft Unternehmen dabei, ihre eigenen Stärken und Schwächen sowie die Chancen und Bedrohungen auf dem Markt und in der Wettbewerbslandschaft zu identifizieren. Durch das Verständnis dieser Faktoren können Unternehmen ihre Stärken nutzen, Schwächen angehen, Chancen nutzen und potenzielle Bedrohungen abwehren. Die SWOT-Analyse dient als Grundlage für die Entwicklung einer zielgerichteten und effektiven digitalen Marketingstrategie.

Daten und Erkenntnisse sammeln

Im gesamten Prozess der Marktforschung und Wettbewerbsanalyse ist es wichtig, relevante Daten und Erkenntnisse zu sammeln. Dies umfasst Daten zu Kundenpräferenzen, Markttrends, Branchenberichten, Wettbewerbsleistungen und Kundenfeedback. Verschiedene Tools und Ressourcen wie Online-Umfragen, Social Listening-Tools, Analyseplattformen und Marktforschungsberichte können wertvolle Daten und Erkenntnisse liefern. Unternehmen sollten diese Informationen sammeln und analysieren, um ihre digitalen Marketingstrategien zu informieren und datengesteuerte Entscheidungen zu treffen.

Durch eine gründliche Marktforschung und Wettbewerbsanalyse gewinnen Unternehmen ein tiefes Verständnis für ihren Zielmarkt, das Verhalten der Verbraucher und die Wettbewerbslandschaft. Mit diesen Erkenntnissen können sie digitale Marketingstrategien entwickeln, die bei ihrer Zielgruppe Anklang finden, sich von Wettbewerbern differenzieren und Marktmöglichkeiten nutzen. Das aus der Marktforschung und Wettbewerbsanalyse gewonnene Wissen bildet eine solide Grundlage für die weiteren Schritte beim Aufbau einer effektiven digitalen Marketingstrategie.

Identifizierung der Zielgruppe und Erstellung von Buyer Personas

In diesem Kapitel beschäftigen wir uns mit dem Prozess der Identifizierung der Zielgruppe und der Erstellung von Buyer Personas als wichtige Schritte beim Aufbau einer effektiven digitalen Marketingstrategie. Das Verständnis der Zielgruppe ist entscheidend für Unternehmen, um ihre Marketingbotschaften anzupassen, geeignete Kanäle auszuwählen und potenzielle Kunden effektiv anzusprechen. Durch die Erstellung detaillierter Buyer Personas können Unternehmen ein tiefes Verständnis ihrer idealen Kunden, ihrer Bedürfnisse, Vorlieben und Verhaltensweisen entwickeln.

Bedeutung der Zielgruppe verstehen

Wir beginnen damit, die Bedeutung der Identifizierung der Zielgruppe zu betonen. Die Zielgruppe repräsentiert die spezifische Gruppe von Menschen oder Unternehmen, die das Unternehmen erreichen und bedienen möchte.

Die Definition der Zielgruppe ermöglicht es Unternehmen, ihre Marketingbemühungen zu fokussieren, Ressourcen effektiv zuzuweisen und personalisierte und relevante Botschaften zu vermitteln. Das Verständnis der Zielgruppe ermöglicht es Unternehmen, eine tiefere Verbindung zu potenziellen Kunden herzustellen und bedeutungsvolle Beziehungen aufzubauen.

Erhebung von demografischen und psychografischen Informationen

Um Buyer Personas zu erstellen, sammeln Unternehmen demografische und psychografische Informationen über ihre Zielgruppe. Demografische Informationen umfassen Alter, Geschlecht, Standort,

Einkommensniveau, Beruf und andere relevante Faktoren. Psychografische Informationen beziehen sich auf die Interessen, Werte, Lebensstile, Motivationen und Vorlieben der Zielgruppe. Diese Informationen helfen Unternehmen, die psychografische Zusammensetzung ihrer Zielgruppe zu verstehen und ihre digitalen Marketingstrategien entsprechend anzupassen, um den spezifischen Bedürfnissen und Wünschen gerecht zu werden.

Durchführung von Umfragen und Interviews

Um Informationen über die Zielgruppe zu sammeln, sind Umfragen und Interviews effektive Methoden. Unternehmen können Online-Umfragen erstellen oder persönliche Interviews durchführen, um Einblicke in Kundenpräferenzen, Herausforderungen und Motivationen zu gewinnen. Durch gezielte Fragen im Zusammenhang mit dem Unternehmen und seinen Angeboten können Unternehmen wertvolle Daten sammeln, die bei der Erstellung von Buyer Personas helfen. Umfragen und Interviews bieten direktes Feedback von der Zielgruppe und helfen Unternehmen dabei, deren Bedürfnisse und Herausforderungen zu verstehen.

Analyse von Kundendaten und -verhalten

Die Analyse von Kundendaten und -verhalten ist ein weiterer entscheidender Aspekt bei der Identifizierung der Zielgruppe. Durch die Nutzung von Analysetools und die Verfolgung von Kundeninteraktionen auf Websites, Social-Media-Plattformen und anderen digitalen Kanälen können Unternehmen wertvolle Daten über das Kundenverhalten sammeln, einschließlich Browsing-Verhalten, Engagement-Level und Kaufhistorie. Diese Daten liefern Erkenntnisse über die Vorlieben der Zielgruppe und ermöglichen es Unternehmen, ihre digitalen Marketingstrategien entsprechend anzupassen.

Indem Unternehmen die Zielgruppe identifizieren und Buyer Personas erstellen, können sie eine tiefere Verbindung zu ihrer Zielgruppe herstellen, ihre digitalen Marketingstrategien entsprechend anpassen und eine bessere Engagement-, Konversions- und Kundenzufriedenheitsrate erreichen.

In diesem Kapitel bieten wir praktische Einblicke und Beispiele, um Unternehmen bei der Identifizierung ihrer Zielgruppe und der Erstellung von Buyer Personas zu unterstützen. Durch das Verständnis ihrer Zielgruppe und die Anwendung dieses Wissens auf ihre digitalen Marketingstrategien können Unternehmen ihre Effektivität steigern, die richtigen Personen erreichen und ihre Marketingziele erreichen.

Erstellung detaillierter Buyer Personas

Basierend auf den gesammelten Informationen können Unternehmen detaillierte Buyer Personas erstellen. Eine Buyer Persona ist eine fiktive Darstellung des idealen Kunden und umfasst demografische und psychografische Merkmale. Buyer Personas beinhalten in der Regel einen Namen, ein Foto, eine Berufsbezeichnung, Hintergrundinformationen zur Person, Ziele, Herausforderungen und andere relevante Details. Indem Unternehmen die Zielgruppe durch Buyer Personas visualisieren, können sie deren Bedürfnisse, Vorlieben und Motivationen besser verstehen. Dadurch können sie ihre digitalen Marketingbotschaften, Inhalte und Angebote gezielt anpassen, um potenzielle Kunden effektiv anzusprechen und eine Verbindung herzustellen.

Verfeinern und Aktualisieren von Buyer Personas

Buyer Personas sollten regelmäßig verfeinert und aktualisiert werden, um etwaige Veränderungen in der Zielgruppe widerzuspiegeln. Mit der Entwicklung des Marktes können sich das Verhalten und die Vorlieben der Verbraucher verändern. Unternehmen sollten regelmäßige Forschung betreiben, Kundenfeedback analysieren und Markttrends beobachten, um sicherzustellen, dass ihre Buyer Personas genau und aktuell bleiben. Durch das Verfeinern und Aktualisieren von Buyer Personas können Unternehmen ihre digitalen Marketingstrategien an die sich wandelnden Bedürfnisse und Erwartungen ihrer Zielgruppe anpassen.

Durch die Identifizierung der Zielgruppe und die Erstellung detaillierter Buyer Personas gewinnen Unternehmen ein tieferes Verständnis für ihre idealen Kunden. Dieses Verständnis ermöglicht es ihnen, maßgeschneiderte digitale Marketingstrategien zu entwickeln, geeignete Kanäle auszuwählen und personalisierte Botschaften zu vermitteln, die auf die Zielgruppe abgestimmt sind. Die Erstellung von Buyer Personas dient als Grundlage für die nachfolgenden Schritte beim Aufbau einer effektiven digitalen Marketingstrategie. Dadurch können Unternehmen ihre Zielgruppe effektiv ansprechen und eine Verbindung herstellen, um nachhaltige Ergebnisse zu erzielen.

Auswahl der richtigen digitalen Marketingkanäle

In diesem Kapitel erkunden wir den Prozess der Auswahl der richtigen digitalen Marketingkanäle als entscheidenden Schritt beim Aufbau einer effektiven digitalen Marketingstrategie. Angesichts zahlreicher digitaler Kanäle müssen Unternehmen die Plattformen identifizieren, die mit ihrer Zielgruppe, ihren Unternehmenszielen und ihren Marketingzielen übereinstimmen. Durch Auswahl der relevantesten Kanäle können Unternehmen ihre Zielgruppe effektiv erreichen und ansprechen und so ihre digitalen Marketingbemühungen maximieren.

Verständnis der verschiedenen digitalen Marketingkanäle

Wir beginnen mit einem Überblick über die verschiedenen verfügbaren digitalen Marketingkanäle. Diese Kanäle umfassen eine Vielzahl von Plattformen und Taktiken, wie Suchmaschinenmarketing (SEM), Social Media Marketing, E-Mail-Marketing, Content-Marketing, Influencer-Marketing, Display-Werbung und mehr. Jeder Kanal hat seine eigenen Merkmale, Vorteile und demografische Zielgruppen. Das Verständnis der verschiedenen Kanäle hilft Unternehmen dabei, fundierte Entscheidungen darüber zu treffen, welche Kanäle sie für ihre digitalen Marketingstrategien nutzen möchten.

Definition der Präferenzen der Zielgruppe

Um die richtigen digitalen Marketingkanäle auszuwählen, müssen Unternehmen ein klares Verständnis der Präferenzen und Verhaltensweisen ihrer Zielgruppe haben. Marktstudien, die Analyse von Kundendaten und die Verwendung von Käufer-Personas können Einblicke in die Kanäle geben, die am besten bei der Zielgruppe ankommen. Wenn beispielsweise die Zielgruppe hauptsächlich aus jungen Fachleuten besteht, können Social-Media-Plattformen wie Instagram oder LinkedIn effektiver sein, um sie zu erreichen und anzusprechen.

Ausrichten von Kanälen an Geschäftszielen

In diesem Kapitel geht es darum, die verschiedenen digitalen Marketingkanäle mit den Geschäftszielen und Marketingzielen in Einklang zu bringen. Unterschiedliche Kanäle eignen sich unterschiedlich gut, um spezifische Ziele zu erreichen. Zum Beispiel kann Suchmaschinenmarketing (SEM) effektiv sein, um Website-Traffic und Conversion-Raten zu steigern, während Social Media Marketing sich gut für den Aufbau von Markenbekanntheit und die Förderung des Kundeneinbezugs eignet. Indem die Kanäle mit den gewünschten Ergebnissen in Einklang gebracht werden, stellen Unternehmen sicher, dass ihre digitalen Marketingbemühungen fokussiert und zielgerichtet sind.

Berücksichtigung der Eignung der Kanäle und der Ressourcen

Unternehmen sollten auch die Eignung jedes Kanals anhand ihrer Branche, Ressourcen und Fähigkeiten bewerten. Einige Kanäle erfordern möglicherweise größere Investitionen in Bezug auf Zeit, Budget und Fachkenntnisse. Es ist entscheidend, die Durchführbarkeit der Nutzung bestimmter Kanäle zu bewerten und sicherzustellen, dass die erforderlichen Ressourcen vorhanden sind, um effektive Kampagnen umzusetzen. Zum Beispiel kann Videomarketing ein leistungsstarker Kanal sein, erfordert jedoch geeignete Ausrüstung, Bearbeitungsmöglichkeiten und kreative Expertise.

Bewertung der Wettbewerbslandschaft

Die Analyse der digitalen Marketingbemühungen der Konkurrenten kann wertvolle Einblicke in die von ihnen genutzten Kanäle und deren Wirksamkeit bieten. Durch die Überwachung der Aktivitäten der Konkurrenten können Unternehmen Möglichkeiten identifizieren, von deren Erfolgen und Misserfolgen lernen und feststellen, welche Kanäle mit ihrem eigenen einzigartigen Mehrwertvorschlag übereinstimmen. Diese Bewertung hilft Unternehmen, fundierte Entscheidungen über die Kanäle zu treffen, die ihnen im digitalen Raum einen Wettbewerbsvorteil verschaffen.

Testen und Iterieren

Digitale Marketingstrategien sollten dynamisch und anpassungsfähig sein. Unternehmen können verschiedene Kanäle, Botschaften und Taktiken testen, um deren Wirksamkeit zu bewerten. Durch A/B-Tests und Datenanalyse können Unternehmen die Kanäle identifizieren, die das höchste Engagement, die meisten Conversion-Raten und den besten Return on Investment (ROI) erzielen. Dieser iterative Ansatz ermöglicht kontinuierliche Verbesserung und Optimierung der digitalen Marketingstrategie im Laufe der Zeit.

Durch die Auswahl der richtigen digitalen Marketingkanäle können Unternehmen ihre Zielgruppe effektiv erreichen, personalisierte Botschaften übermitteln und ihre Marketingziele erreichen. Das Verständnis der verschiedenen verfügbaren Kanäle, ihre Abstimmung auf die Präferenzen der Zielgruppe und die Geschäftsziele, die Berücksichtigung der verfügbaren Ressourcen sowie die Überwachung der Wettbewerbslandschaft tragen dazu bei, fundierte Entscheidungen zu treffen. Regelmäßiges Testen und Optimieren stelltsicher, dass Unternehmen Trends voraus sind und datengesteuerte Anpassungen für maximale Wirkung vornehmen. Die strategische Auswahl der digitalen Marketingkanäle legt den Grundstein für die erfolgreiche Umsetzung der gesamten digitalen Marketingstrategie.

Kapitel 4
Website-Optimierung und Benutzererfahrung

Bedeutung der Website-Optimierung und Benutzererfahrung verstehen

In diesem Kapitel gehen wir auf die Bedeutung der Website-Optimierung und Benutzererfahrung für den Aufbau einer effektiven digitalen Marketingstrategie ein. Eine gut optimierte Website mit einer nahtlosen Benutzererfahrung ist entscheidend, um Besucher anzuziehen, zu binden und zu konvertieren. Indem Unternehmen sich auf die Website-Optimierung und Benutzererfahrung konzentrieren, können sie die Effektivität ihrer digitalen Marketingmaßnahmen maximieren und gewünschte Aktionen von ihrer Zielgruppe fördern.

Website-Performance-Optimierung

Wir beginnen mit der Diskussion der Website-Performance-Optimierung, bei der sichergestellt wird, dass die Website schnell lädt und reibungslos auf verschiedenen Geräten und Browsern funktioniert. Langsam ladende Websites können zu höheren Absprungraten und Frustration bei den Benutzern führen. Wir erkunden Techniken wie die Optimierung von Bildgrößen, die Minimierung von HTTP-Anfragen und die Nutzung von Caching und Content Delivery Networks (CDNs), um die Geschwindigkeit der Website zu verbessern. Durch die Priorisierung der Website-Performance können Unternehmen die Benutzerzufriedenheit erhöhen und längere Browsing-Sitzungen fördern.

Website-Design und Navigation

Als nächstes gehen wir auf die Bedeutung des Website-Designs und der Navigation ein, um eine positive Benutzererfahrung zu gewährleisten. Ein visuell ansprechendes und intuitives Website-Design hilft dabei, Besucher zu fesseln und einen starken ersten Eindruck zu hinterlassen. Wir diskutieren den Einsatz von klaren und organisierten Navigationsmenüs, die strategische Platzierung von Call-to-Action-Schaltflächen und den effektiven Einsatz von Leerzeichen und visuellen Elementen. Durch die Schaffung einer benutzerfreundlichen Oberfläche und einer einfachen Navigation können Unternehmen Besucher durch ihre Website führen, ein nahtloses Browsing-Erlebnis bieten und die gewünschten Benutzeraktionen erleichtern.

Responsive und mobilfreundliches Design

Mit der zunehmenden Nutzung von Mobilgeräten ist es entscheidend, dass Websites über ein responsives und mobilfreundliches Design verfügen. Wir betonen die Bedeutung des responsiven Designs, das sicherstellt, dass sich die Website an verschiedene Bildschirmgrößen und -auflösungen anpasst und so ein optimales Betrachtungserlebnis auf Smartphones und Tablets bietet. Mobilfreundliche Websites sind wichtig, um mobile Benutzer effektiv zu erreichen und einzubeziehen. Wir diskutieren Techniken wie responsive Layouts, touch-freundliche Elemente und mobile Optimierungsstrategien, um ein nahtloses mobiles Erlebnis zu schaffen.

Inhalts-Optimierung

Inhalte spielen eine entscheidende Rolle bei der Einbindung und Information von Website-Besuchern. Wir erkunden die Bedeutung der Inhalts-Optimierung, einschließlich der Verwendung relevanter Schlüsselwörter für die Suchmaschinenoptimierung (SEO), die Verbesserung der Lesbarkeit und Strukturierung von Inhalten sowiedie Bereitstellung wertvoller Informationen für die Zielgruppe. Durch die Optimierung von Inhalten können Unternehmen sicherstellen, dass ihre

Website in den Suchergebnissen gut sichtbar ist und Besucher mit relevanten und ansprechenden Inhalten anspricht.

Usability und Conversion-Optimierung

Die Benutzerfreundlichkeit und die Conversion-Optimierung sind weitere wichtige Aspekte der Website-Optimierung. Wir diskutieren bewährte Methoden zur Verbesserung der Benutzerfreundlichkeit, wie die Platzierung von aussagekräftigen Call-to-Action-Elementen, die Optimierung von Formularen und die Verbesserung der Checkout-Prozesse. Durch die Optimierung der Usability können Unternehmen die Interaktion und Konversionsraten auf ihrer Website erhöhen und die gewünschten Handlungen der Benutzer fördern.

Testing und kontinuierliche Optimierung

Abschließend behandeln wir die Bedeutung von Testing und kontinuierlicher Optimierung. Durch das Durchführen von Tests, wie z.B. A/B-Tests, Heatmap-Analysen und Benutzer-Feedback, können Unternehmen wertvolle Erkenntnisse gewinnen und Schwachstellen in der Website-Optimierung identifizieren. Durch kontinuierliche Optimierung können Unternehmen Verbesserungen vornehmen, basierend auf den gewonnenen Erkenntnissen und dem Feedback der Benutzer. Dieser iterative Ansatz ermöglicht es, die Website kontinuierlich zu verbessern und eine optimale Benutzererfahrung zu bieten.

Indem Unternehmen ihre Websites optimieren und eine nahtlose Benutzererfahrung bieten, können sie das Engagement und die Konversionsraten steigern. Eine gut gestaltete und reibungslose Website sorgt dafür, dass Besucher länger auf der Seite bleiben, mehr Seiten aufrufen und die gewünschten Aktionen durchführen. Durch die Implementierung der in diesem Kapitel diskutierten Maßnahmen können Unternehmen ihre digitalen Marketingbemühungen maximieren und den Erfolg ihrer Website steigern.

Mobile-Responsiveness und Anpassungsfähigkeit

Mit der zunehmenden Nutzung mobiler Geräte ist es entscheidend, dass Unternehmen ihre Websites für die mobile Responsiveness optimieren. Wir betonen die Bedeutung des responsiven Webdesigns, das sicherstellt, dass die Website sich nahtlos an verschiedene Bildschirmgrößen und -auflösungen anpasst. Mobilfreundliche Websites bieten eine positive Benutzererfahrung, die es Benutzern ermöglicht, unabhängig vom verwendeten Gerät einfach zu navigieren, Inhalte zu lesen und mit den Funktionen der Website zu interagieren. Unternehmen, die mobile Responsiveness priorisieren, können eine größere Zielgruppe erreichen und engagieren sowie im wettbewerbsintensiven digitalen Umfeld den Vorsprung behalten.

Intuitive Navigation und Informationsarchitektur

Eine intuitive und benutzerfreundliche Website-Navigation ist entscheidend für eine verbesserte Benutzererfahrung. Wir diskutieren die Bedeutung von klaren und organisierten Navigationsmenüs, einer logischen Seitenhierarchie und einer leicht zugänglichen Suchfunktion. Durch die Bereitstellung einer nahtlosen und intuitiven Navigation können Unternehmen Besuchern dabei helfen, die gesuchten Informationen schnell und mühelos zu finden. Eine gut strukturierte Informationsarchitektur stellt sicher, dass Benutzer die Website problemlos durchsuchen können, was das Engagement erhöht und Absprungraten verringert.

Überzeugende und relevante Inhalte

Überzeugende und relevante Inhalte sind ein wesentlicher Treiber für Benutzerengagement und Conversions. Wir erkunden die Bedeutung der Erstellung von hochwertigen, informativen und ansprechenden Inhalten, die mit der Zielgruppe resonieren. Unternehmen sollten Inhalte erstellen, die die Probleme ihrer Zielgruppe ansprechen, wertvolle Einblicke bieten und ihre Expertise präsentieren. Durch die Bereitstellung von Inhalten, die den Bedürfnissen und Erwartungen der Benutzer entsprechen, können Unternehmen Glaubwürdigkeit aufbauen, Vertrauen schaffen und

Besucher dazu ermutigen, gewünschte Aktionen wie einen Kauf, die Anmeldung zu einem Newsletter oder das Ausfüllen eines Kontaktformulars durchzuführen.

Conversion Rate Optimization

Die Conversion Rate Optimization (CRO) konzentriert sich darauf, den Prozentsatz der Website-Besucher zu verbessern, die zu Kunden konvertieren oder gewünschte Aktionen durchführen. Wir diskutieren Techniken wie die Implementierung klarer und überzeugender Call-to-Action-Schaltflächen, die Optimierung von Landing Pages und die Durchführung von A/B-Tests, um die effektivsten Elemente und Designs zu identifizieren. Durch die kontinuierliche Analyse des Benutzerverhaltens, die Verfolgung von Conversion-Metriken und datenbasierte Optimierungen können Unternehmen die Conversion-Rate verbessern und den ROI ihrer digitalen Marketingbemühungen maximieren.

Usability-Tests und kontinuierliche Verbesserung

Schließlich betonen wir die Bedeutung von Usability-Tests und kontinuierlicher Verbesserung. Usability-Tests beinhalten das Sammeln von Feedback von Benutzern, um Problembereiche, Verwirrungen oder Verbesserungsmöglichkeiten zu identifizieren. Durch die Durchführung von Usability-Tests können Unternehmen fundierte Entscheidungen treffen und Änderungen umsetzen, die die gesamte Benutzererfahrung verbessern. Darüber hinaus sorgt eine Kultur der kontinuierlichen Verbesserung dafür, dass die Website den Bedürfnissen der Benutzer, den Branchentrends und den technologischen Entwicklungen gerecht wird. Regelmäßige Überwachung, Analyse und Optimierung basierend auf Benutzerfeedback und Daten-Einblicken helfen Unternehmen dabei, eine außergewöhnliche Benutzererfahrung zu bieten und einen Wettbewerbsvorteil zu behalten.

Indem Unternehmen sich auf Website-Optimierung und Benutzererfahrung konzentrieren, können sie eine ansprechende und benutzerfreundliche Online-Präsenz schaffen. Eine gut optimierte Website, die eine nahtlose und ansprechende Benutzererfahrung auf verschiedenen Geräten bietet, steigert die Benutzerzufriedenheit, fördert längeres Engagement und treibt Conversions voran. Indem Unternehmen Website-Performance, mobile Responsiveness, intuitive Navigation, überzeugende Inhalte, Conversion Rate Optimization und kontinuierliche Verbesserung priorisieren, können sie nicht nur Besucher anziehen, sondern auch eine positive und wirkungsvolle Benutzererfahrung bieten.

Gestaltung einer benutzerfreundlichen Website

In diesem Kapitel gehen wir auf den Prozess der Gestaltung einer benutzerfreundlichen Website ein, die für Besucher eine positive Erfahrung bietet und die Effektivität der digitalen Marketingmaßnahmen maximiert. Eine benutzerfreundliche Website gewährleistet, dass Besucher leicht navigieren, interagieren und Informationen finden können, was zu einer erhöhten Beteiligung, Konversionen und Kundenzufriedenheit führt.

Klare und intuitive Navigation

Wir beginnen mit der Betonung der Bedeutung einer klaren und intuitiven Navigation. Ein gut gestaltetes Navigationsmenü ermöglicht es Besuchern, die gesuchten Informationen schnell und mühelos zu finden. Wir diskutieren Techniken wie die logische Organisation von Navigationspunkten, die Verwendung von beschreibenden Bezeichnungen und die Bereitstellung von Breadcrumbs, um Benutzern dabei zu helfen, ihre aktuelle Position innerhalb der Website-Struktur zu verstehen. Durch Vereinfachung der Navigation und Reduzierung von Reibungspunkten können Unternehmen die Benutzererfahrung verbessern und Besucher ermutigen, weiter zu erkunden.

Responsive und mobilfreundliches Design

Angesichts der zunehmenden Nutzung mobiler Geräte ist es entscheidend, Websites zu gestalten, die responsiv und mobilfreundlich sind. Wir erkunden die Bedeutung des responsiven Webdesigns, das sicherstellt, dass die Website sich nahtlos an verschiedene Bildschirmgrößen und -auflösungen anpasst. Durch Optimierung des

Layouts, der Schriftgrößen und der interaktiven Elemente der Website für mobile Geräte können Unternehmen eine konsistente und angenehme Benutzererfahrung auf allen Plattformen bieten. Mobilfreundliches Design verbessert nicht nur die Benutzerzufriedenheit, sondern steigert auch das Ranking in Suchmaschinen, da Suchmaschinen mobilfreundliche Websites in ihren Ergebnissen priorisieren.

Lesbarer und ansprechender Inhalt

Lesbarer und ansprechender Inhalt ist eine wichtige Komponente einer benutzerfreundlichen Website. Wir besprechen die Bedeutung der Verwendung klarer und gut lesbarer Schriftarten, angemessener Schriftgrößen und ausreichenden Zeilenabstands, um die Lesbarkeit zu verbessern. Unternehmen sollten sich auch darauf konzentrieren, prägnanten und überfliegbaren Inhalt zu erstellen, indem sie Überschriften, Aufzählungszeichen und visuelle Elemente verwenden, um den Text aufzuteilen und das Verständnis zu erleichtern. Durch die Präsentation von Informationen in einer visuell ansprechenden und leicht verdaulichen Form können Unternehmen Besucher engagieren und sie ermutigen, mehr Zeit auf der Website zu verbringen.

Konsistente Markenführung und visuelles Design

Konsistente Markenführung und visuelles Design tragen zu einem stimmigen und professionellen Nutzungserlebnis bei. Wir untersuchen die Bedeutung der Integration konsistenter Markenelemente wie Logos, Farbschemata und Typografie auf der gesamten Website. Die Konsistenz in Designelementen hilft beim Aufbau der Markenbekanntheit und fördert ein Gefühl von Vertrauen und Vertrautheit bei Besuchern. Durch die Aufrechterhaltung eines visuell ansprechenden und kohärenten Designs können Unternehmen das gesamte Nutzungserlebnis verbessern und ihre Markenidentität stärken.

Optimierte Seitendruckgeschwindigkeit

Die Seitendruckgeschwindigkeit spielt eine entscheidende Rolle im Nutzungserlebnis und bei der Leistung der Website. Wir besprechen

Techniken wie die Optimierung von Bildgrößen, die Minimierung der Serverreaktionszeit und die Nutzung des Browser-Cachings, um die Seitendruckgeschwindigkeit zu verbessern. Eine schnell ladende Website reduziert Absprungraten und hält Besucher engagiert, da sie nicht auf das Erscheinen von Inhalten warten müssen. Durch die Priorisierung der Optimierung der Seitengeschwindigkeit können Unternehmen ein nahtloses und effizientes Browsing-Erlebnis bieten, das die Benutzerzufriedenheit steigert und wiederholte Besuche fördert.

Benutzerfreundliche Formulare und Handlungsaufforderungen

Benutzerfreundliche Formulare und Handlungsaufforderungen sind wichtig, um Konversionen zu erleichtern und Besucherinformationen zu erfassen. Wir erkunden bewährte Verfahren für das Design von Formularen, die leicht auszufüllen sind, mit klaren Beschriftungen und geeigneten Eingabefeldern. Unternehmen sollten auch Handlungsaufforderungen (Call-to-Action, CTAs) optimieren, indem sie sie visuell hervorheben, überzeugenden Text verwenden und sicherstellen, dass sie auf der Seite auffallen. Durch die Vereinfachung des Konversionsprozesses und die Benutzerfreundlichkeit können Unternehmen die Wahrscheinlichkeit erhöhen, dass Besucher gewünschte Aktionen durchführen.

Benutzertest und Feedback

Im gesamten Website-Designprozess spielen Benutzertests und Feedback eine entscheidende Rolle bei der Identifizierung von Verbesserungsmöglichkeiten und der Verbesserung des Nutzungserlebnisses. Wir besprechen die Bedeutung von Benutzertests, das Sammeln von Feedback von echten Benutzern und die Integration ihrer Erkenntnisse in die Gestaltung von Website-Iterationen. Durch die aktive Einbeziehung von Benutzern in den Gestaltungsprozess können Unternehmen Usability-Probleme aufdecken, den Benutzerfluss optimieren und eine Website entwickeln, die den Bedürfnissen und Erwartungen der Benutzer entspricht.

Durch die Konzentration auf die Gestaltung einer benutzerfreundlichen Website können Unternehmen ein positives und ansprechendes Online-Erlebnis für Besucher schaffen. Eine klare und intuitive Navigation, responsives Design, lesbarer Inhalt, konsistente Markenführung, optimierte Seitendruckgeschwindigkeit, benutzerfreundliche Formulare und Handlungsaufforderungen sowie Benutzertests tragen alle zu einer Website bei, die einfach zu nutzen ist und ein nahtloses Nutzungserlebnis bietet. Durch die Priorisierung benutzerzentrierter Gestaltungsprinzipien können Unternehmen das Engagement, Konversionen und die Kundenzufriedenheit steigern und letztendlich den Erfolg ihrer digitalen Marketingmaßnahmen vorantreiben.

Implementierung von Suchmaschinenoptimierung (SEO)-Techniken

In diesem Kapitel erkunden wir die Bedeutung der Implementierung von Suchmaschinenoptimierung (SEO)-Techniken als Teil der Website-Optimierung. SEO spielt eine entscheidende Rolle bei der Verbesserung der Sichtbarkeit einer Website, der Steigerung des organischen Datenverkehrs und der Verbesserung des allgemeinen Nutzungserlebnisses. Durch die Implementierung effektiver SEO-Strategien können Unternehmen ihre Online-Präsenz erhöhen, relevante Besucher anziehen und eine bessere Platzierung in den Suchmaschinenergebnisseiten (SERPs) erreichen.

Keyword-Recherche und -Optimierung

Wir beginnen damit, die Bedeutung der Keyword-Recherche im SEO zu diskutieren. Die Keyword-Recherche umfasst die Identifizierung der Suchbegriffe und -phrasen, die potenzielle Kunden verwenden, um nach Produkten, Dienstleistungen oder Informationen im Zusammenhang mit dem Unternehmen zu suchen. Durch eine gründliche Keyword-Recherche können Unternehmen wertvolle Erkenntnisse über die Absicht und das Verhalten der Benutzer gewinnen. Die Optimierung von Website-Inhalten, einschließlich Überschriften, Titeln, Meta-Beschreibungen und

Seiteninhalten, mit relevanten Keywords hilft Suchmaschinen dabei, die Relevanz der Website für Benutzerabfragen zu verstehen.

On-Page-Optimierung

Die On-Page-Optimierung konzentriert sich auf die Optimierung einzelner Webseiten, um ihre Sichtbarkeit und Relevanz für Suchmaschinen zu verbessern. Wir untersuchen Techniken wie die Optimierung von Meta-Tags, URL-Struktur, Überschriften und Bildalt-Tags. Durch die Einhaltung bewährter Praktiken der On-Page-Optimierung können Unternehmen die Durchsuchbarkeit und Indexierbarkeit ihrer Website verbessern, was es Suchmaschinen erleichtert, den Inhalt zu verstehen und zu bewerten.

Technisches SEO

Technisches SEO befasst sich mit der Optimierung der technischen Aspekte einer Website, um sicherzustellen, dass Suchmaschinen den Inhalt effektiv durchsuchen, indexieren und verstehen können. Wir besprechen Techniken wie XML-Sitemaps, robots.txt-Dateien, kanonische Tags und Schema-Markup. Durch die Implementierung von technischen SEO-Praktiken können Suchmaschinen den Website-Inhalt korrekt interpretieren und die allgemeine Leistung der Website verbessern, was sich positiv auf das Ranking in den Suchergebnissen auswirkt.

Website-Architektur und -Struktur

Website-Architektur und -Struktur spielen eine entscheidende Rolle sowohl im Nutzungserlebnis als auch im SEO. Wir diskutieren die Bedeutung der Organisation von Inhalten in logische Kategorien, die Schaffung einer klaren und intuitiven Navigationsstruktur und die Implementierung von internen Verlinkungsstrategien. Eine gut strukturierte Website verbessert nicht nur die Navigation für Benutzer, sondern ermöglicht es Suchmaschinen auch, den Inhalt der Website besser zu durchsuchen und zu verstehen.

Content-Optimierung

Die Content-Optimierung konzentriert sich auf die Erstellung von hochwertigem, informativem und relevantem Inhalt, der mitder Absicht der Benutzer und den Richtlinien der Suchmaschinen übereinstimmt. Wir besprechen Techniken wie die natürliche Integration von zielgerichteten Keywords, die Optimierung der Länge und Lesbarkeit des Inhalts sowie die Verwendung von Überschriftentags und Aufzählungszeichen. Durch die Optimierung des Website-Inhalts können Unternehmen die Sichtbarkeit in Suchmaschinen verbessern, organischen Datenverkehr generieren und wertvolle Informationen für Benutzer bereitstellen.

Durch die Implementierung von SEO-Techniken können Unternehmen ihre Website optimieren und die Sichtbarkeit in Suchmaschinen verbessern. Keyword-Recherche und -Optimierung, On-Page-Optimierung, technisches SEO, Website-Architektur und -Struktur sowie Content-Optimierung sind entscheidende Elemente einer effektiven SEO-Strategie. Indem Unternehmen die richtigen SEO-Techniken implementieren, können sie ihre Online-Präsenz stärken, relevante Besucher anziehen und langfristig den Erfolg ihrer digitalen Marketingbemühungen steigern.

Mobile Optimierung

Die Mobile Optimierung ist entscheidend, angesichts der zunehmenden Nutzung von mobilen Geräten für das Internet-Browsing. Wir diskutieren die Bedeutung von responsive Webdesign, schneller Seitenladezeit und benutzerfreundlichen mobilen Benutzeroberflächen. Die Mobile Optimierung stellt sicher, dass Websites über verschiedene Geräte hinweg eine nahtlose und benutzerfreundliche Erfahrung bieten und sowohl die Benutzerzufriedenheit als auch das Suchmaschinenranking verbessern.

Linkaufbau und Off-Page-SEO

Linkaufbau und Off-Page-SEO-Techniken sind entscheidend, um Website-Autorität und Glaubwürdigkeit aufzubauen. Wir erkunden

Strategien wie den Erwerb hochwertiger Backlinks von seriösen Websites, die Beteiligung an Social Media-Promotion und den Aufbau von Beziehungen zu Brancheneinflussnehmern. Effektive Linkaufbau-Bemühungen verbessern den Ruf und die Sichtbarkeit der Website und signalisieren Suchmaschinen, dass die Website wertvollen Inhalt bietet und höhere Rankings verdient.

Regelmäßige Überwachung und Analyse

Regelmäßige Überwachung und Analyse sind entscheidend, um die Effektivität von SEO-Strategien zu messen und datenbasierte Optimierungen vorzunehmen. Wir besprechen die Bedeutung der Überwachung von Leistungskennzahlen (KPIs) wie organischem Traffic, Rankings, Absprungraten und Konversionen. Durch den Einsatz von Analysetools und das Verfolgen von Suchmaschinenalgorithmus-Updates können Unternehmen Bereiche zur Verbesserung identifizieren, ihre SEO-Strategien verfeinern und im Suchmaschinenranking vorn bleiben.

Durch die Implementierung effektiver SEO-Techniken können Unternehmen die Sichtbarkeit ihrer Website verbessern, organischen Traffic generieren und das allgemeine Nutzungserlebnis optimieren. Keyword-Recherche und -Optimierung, On-Page- und technisches SEO, Website-Architektur und -Struktur, Content-Optimierung, Mobile Optimierung, Linkaufbau und Off-Page-SEO sowie regelmäßige Überwachung und Analyse tragen alle zu einer umfassenden SEO-Strategie bei. Durch kontinuierliche Optimierung ihrer Websites für Suchmaschinen können Unternehmen ihre Online-Präsenz steigern, ihre Zielgruppe erreichen und nachhaltiges Wachstum erreichen.

Verbesserung der Website-Performance und Mobile Optimierung

In diesem Kapitel erkunden wir die Bedeutung der Verbesserung der Website-Performance und der Mobile Optimierung als integrale Bestandteile der Website-Optimierung und des Nutzungserlebnisses. Eine schnell ladende und responsive Website verbessert nicht nur die

Benutzerzufriedenheit, sondern trägt auch zu besseren Suchmaschinenrankings und einer erhöhten Konversionsrate bei. Indem Unternehmen die Website-Performance und die Mobile Optimierung in den Fokus rücken, können sie ihren Zielgruppen über verschiedene Geräte hinweg ein nahtloses und ansprechendes Erlebnis bieten.

Optimierung der Seitenladezeit

Wir beginnen damit, die Bedeutung der Optimierung der Seitenladezeit zu besprechen. Langsam ladende Websites können zu hohen Absprungraten und frustrierten Besuchern führen. Wir erkunden Techniken wie die Optimierung der Bildgrößen, das Minimieren von Code und Skripten, die Nutzung von Browser-Caching und den Einsatz von Content Delivery Networks (CDNs). Durch die Implementierung dieser Optimierungspraktiken können Unternehmen die Ladezeiten der Website verbessern und ein reibungsloses und effizientes Browsing-Erlebnis bieten, das Besucher engagiert und sie dazu ermutigt, weiter zu erkunden.

Responsive Webdesign

Mit dem Aufstieg des mobilen Browsings ist responsives Webdesign entscheidend geworden, um ein konsistentes und benutzerfreundliches Erlebnis auf verschiedenen Geräten und Bildschirmgrößen zu gewährleisten. Wir vertiefen uns in die Bedeutung des Designs von Websites, die sich automatisch an verschiedene Auflösungen und Ausrichtungen anpassen. Responsives Design stellt sicher, dass Website-Elemente, Inhalte und Funktionen unabhängig vom verwendeten Gerät zugänglich und optisch ansprechend bleiben. Durch die Priorisierung von responsivem Webdesign können Unternehmen die wachsende mobile Zielgruppe ansprechen und ein nahtloses Erlebnis auf Smartphones und Tablets bieten.

Benutzerfreundliche Oberfläche für Mobilgeräte

Mobile Optimierung geht über responsives Design hinaus. Wir diskutieren die Bedeutung der Erstellung einer benutzerfreundlichen Oberfläche, die speziell auf die einzigartigen Merkmale von Mobilgeräten zugeschnitten ist. Dies umfasst das Design von touch-freundlichen Schaltflächen und Menüs, die Verwendung geeigneter Schriftgrößen und Abstände für mobile Bildschirme sowie die Vereinfachung von Formularen und Navigation für eine einfache Bedienung auf kleineren Bildschirmen. Durch die Optimierung der Benutzeroberfläche für Mobilgeräte können Unternehmen sicherstellen, dass mobile Nutzer ein positives und intuitives Erlebnis haben, was zu einer erhöhten Engagement und Konversionsrate führt.

Accelerated Mobile Pages (AMP)

Accelerated Mobile Pages (AMP) ist eine Technologie, die die Mobile Optimierung weiter verbessert, indem sie ultraschnelle Ladezeiten für mobile Webseiten bietet. Wir erkunden die Vorteile der Implementierung von AMP, wie zum Beispiel verbessertes Nutzungserlebnis, verringerte Absprungraten und bessere Sichtbarkeit in den mobilen Suchergebnissen.Durch die Erstellung von AMP-Versionen relevanter Webseiten können Unternehmen ein außergewöhnliches mobiles Browsing-Erlebnis bieten, insbesondere für inhaltsbezogene Seiten wie Artikel, Blog-Beiträge und Nachrichtenaktualisierungen.

Durch die Implementierung effektiver Maßnahmen zur Verbesserung der Website-Performance und der Mobile Optimierung können Unternehmen ein reibungsloses und ansprechendes Nutzungserlebnis bieten. Die Optimierung der Seitenladezeit, responsives Webdesign, eine benutzerfreundliche Oberfläche für Mobilgeräte und die Nutzung von Accelerated Mobile Pages (AMP) tragen dazu bei, die Benutzerzufriedenheit zu steigern, die Sichtbarkeit in Suchmaschinen zu verbessern und die Konversionsrate zu erhöhen. Indem Unternehmen ihre Websites für eine optimale Performance und Mobile Nutzung optimieren, können sie das Potenzial der wachsenden mobilen Nutzerbasis ausschöpfen und nachhaltiges Wachstum erzielen.

Optimierung und Vereinfachung des Website-Codes

Die Effizienz des Website-Codes hat einen erheblichen Einfluss auf die Leistung. Wir diskutieren die Bedeutung der Optimierung und

Vereinfachung des Website-Codes, um unnötige Skripte, CSS- und HTML-Elemente zu reduzieren. Durch die Minimierung des Codes, die Beseitigung von renderblockierenden Ressourcen und die Komprimierung von Dateien können Unternehmen die Ladezeit der Website verbessern und die allgemeine Leistung optimieren. Ein sauberer und optimierter Code stellt sicher, dass Webseiten schnell und effizient geladen werden, was das Nutzungserlebnis und die Sichtbarkeit in Suchmaschinen verbessert.

Testen und Optimieren auf verschiedenen Geräten

Um ein nahtloses Erlebnis auf verschiedenen Geräten zu gewährleisten, sollten Unternehmen umfassende Tests und Optimierungen durchführen. Wir betonen die Bedeutung des Testens von Websites auf verschiedenen Bildschirmgrößen, Betriebssystemen und Browsern. Indem potenzielle Usability- oder Anzeigeprobleme identifiziert und behoben werden, können Unternehmen ein konsistentes und qualitativ hochwertiges Nutzungserlebnis über die verschiedenen Geräte bieten, die von ihrer Zielgruppe verwendet werden.

Kontinuierliche Überwachung und Verbesserung

Die Leistung der Website und die Mobile Optimierung erfordern eine kontinuierliche Überwachung und fortlaufende Verbesserung. Wir diskutieren die Bedeutung der Verwendung von Analysetools zur Verfolgung wichtiger Leistungskennzahlen (KPIs) wie Seitenladezeit, Absprungraten und Nutzerengagement auf verschiedenen Geräten. Durch regelmäßige Analyse von Daten, Identifizierung von Verbesserungsbereichen und Umsetzung iterativer Änderungen können Unternehmen sicherstellen, dass ihre Website schnell, benutzerfreundlich und für mobile Geräte optimiert bleibt.

Durch die Verbesserung der Website-Performance und die Implementierung von Mobile Optimierung können Unternehmen ein nahtloses und ansprechendes Nutzungserlebnis über verschiedene Geräte bieten. Die Optimierung der Seitenladezeit, die Umsetzung von responsivem Webdesign, die Erstellung von benutzerfreundlichen

Oberflächen für Mobilgeräte, die Nutzung von AMP, die Vereinfachung des Website-Codes, das Testen und Optimieren sowie die kontinuierliche Überwachung und Verbesserung der Leistung tragen alle zu einem außergewöhnlichen Nutzungserlebnis bei. Indem Unternehmen die Website-Performance und die Mobile Optimierung priorisieren, können sie die Zufriedenheit der Benutzer steigern, Konversionen fördern und sich im Wettbewerbsumfeld behaupten.

KAPITEL 5
Content-Marketing und Storytelling

In diesem Kapitel tauchen wir in die Kraft des Content-Marketings und Storytellings als wirksame Strategien zur Bindung des Publikums und zur Steigerung des Geschäftserfolgs ein. Content-Marketing beinhaltet die Erstellung und Verbreitung wertvoller, relevanter und konsistenter Inhalte, um eine klar definierte Zielgruppe anzusprechen und zu binden. Durch die Integration von Storytelling-Techniken können Unternehmen eine fesselnde Erzählung schaffen, die ihr Publikum begeistert und starke emotionale Verbindungen aufbaut.

Verständnis für Content-Marketing

Wir beginnen damit, das Konzept des Content-Marketings und seine Bedeutung in der heutigen digitalen Landschaft zu erforschen. Content-Marketing geht über traditionelle Werbung hinaus und konzentriert sich darauf, wertvolle Informationen, Unterhaltung oder Bildung für die Zielgruppe bereitzustellen. Wir diskutieren die Vorteile des Content-Marketings, wie beispielsweise die Etablierung von Thought Leadership, den Aufbau von Markenbekanntheit, die Pflege von Kundenbeziehungen und die Steigerung von Konversionen. Indem wertvoller Content geliefert wird, können Unternehmen sich als vertrauenswürdige Autoritäten in ihrer Branche positionieren und die Aufmerksamkeit und Loyalität ihrer Zielgruppe gewinnen.

Erstellung von ansprechendem und relevantem Content

Wir legen den Schwerpunkt auf die Bedeutung der Erstellung von ansprechendem und relevantem Content, der bei der Zielgruppe Anklang findet. Wir diskutieren verschiedene Arten von Inhalten, einschließlich Blog-Artikel, Videos, Infografiken, Podcasts und Social-Media-Beiträge.

Unternehmen sollten die Vorlieben und Herausforderungen ihrer Zielgruppe verstehen, um Inhalte zu entwickeln, die deren Bedürfnissen und Interessen entsprechen. Durch die Erstellung von hochwertigem und wertvollem Content können Unternehmen ihr Publikum anziehen und einbinden, sich als vertrauenswürdige Informationsquelle und Lösungsanbieter positionieren.

Erzählen packender Geschichten

Storytelling ist eine kraftvolle Technik, um mit dem Publikum auf emotionaler Ebene in Verbindung zu treten. Wir erforschen die Elemente eines effektiven Storytellings, darunter die Entwicklung von identifizierbaren Charakteren, die Schaffung einer fesselnden Handlung und die Hervorrufung von Emotionen. Durch die Integration von Storytelling in das Content-Marketing können Unternehmen ihr Publikum begeistern und fesseln, indem sie unvergessliche Erlebnisse schaffen, die einen bleibenden Eindruck hinterlassen. Geschichten haben die Kraft, zu inspirieren, zu unterhalten und zu lehren, was sie zu einem effektiven Instrument zur Förderung von Markenloyalität und Kundenbindung macht.

Die Anpassung des Inhalts an die Markenidentität

Wir diskutieren die Bedeutung der Anpassung des Inhalts an die Identität und Werte der Marke. Konsistenz in der Kommunikation, im Ton und im Stil trägt dazu bei, die Persönlichkeit der Marke zu stärken und bei der Zielgruppe Resonanz zu finden. Wir erkunden Techniken, um Markenelemente in den Inhalt einzubinden, wie die Verwendung der Markensprache, die Einbeziehung von Markenbildern und die Darstellung von Markenwerten durch Storytelling. Durch die Gewährleistung einer Übereinstimmung des Inhalts mit der Markenidentität können Unternehmen die Wahrnehmung ihrer Marke stärken und ein Gefühl von Authentizität und Vertrauen bei ihrem Publikum fördern.

Nutzung von Vertriebskanälen für Inhalte

Die Erstellung großartiger Inhalte ist nur die halbe Miete; Unternehmen müssen diese auch effektiv verteilen, um ihre Zielgruppe zu erreichen. Wir diskutieren verschiedene Vertriebskanäle für Inhalte, darunter soziale Medien, E-Mail-Marketing, Zusammenarbeit mit Influencern und Suchmaschinenoptimierung (SEO). Jeder Kanal erfordert einen maßgeschneiderten Ansatz, um Sichtbarkeit und Engagement zu maximieren. Durch die Nutzung der richtigen Vertriebskanäle können Unternehmen die Reichweite ihrer Inhalte erhöhen, neue Zielgruppen gewinnen und den Traffic auf ihrer Website steigern.

Messung der Leistung von Inhalten und Iteration

Die Messung der Leistung von Content-Marketing-Maßnahmen ist entscheidend, um Strategien zu optimieren und die angestrebten Ergebnisse zu erzielen. Wir erkunden wichtige Leistungskennzahlen (KPIs) wie Website-Traffic, Engagement-Metriken, Reichweite in sozialen Medien und Konversionsraten. Durch die Nutzung von Analysetools und die Analyse von Daten können Unternehmen Einblicke gewinnen, welche Inhalte am besten bei ihrem Publikum ankommen, und datengesteuerte Entscheidungen für zukünftige Inhalte treffen. Durch kontinuierliche Überwachung und Iteration auf der Grundlage von Leistungserkenntnissen können Unternehmen ihre Content-Marketing-Strategien verfeinern und noch bessere Ergebnisse erzielen.

Durch die Integration von Content-Marketing und Storytelling in ihre Strategien können Unternehmen eine tiefere Verbindung zu ihrem Publikum aufbauen, Markenloyalität aufbauen und Engagement und Konversionen fördern. Die Erstellung ansprechender und relevanter Inhalte, das Erzählen überzeugender Geschichten, die Anpassung des Inhalts an die Markenidentität, die Nutzung von Vertriebskanälen für Inhalte und die Messung der Leistung von Inhalten tragen allesamt zu einer erfolgreichen Content-Marketing-Strategie bei. Indem sie kontinuierlich wertvolle Inhalte und fesselnde Erzählungen liefern, können

Unternehmen sich als vertrauenswürdige Experten etablieren und langfristige Beziehungen zu ihrer Zielgruppe aufbauen.

Die Erstellung packender und relevanter Inhalte

In diesem Kapitel erkunden wir die Kunst der Erstellung packender und relevanter Inhalte als grundlegenden Aspekt des Content-Marketings. Ansprechende und wertvolle Inhalte sind der Eckpfeiler, um ein Publikum anzuziehen und zu binden, Markenbekanntheit zu steigern und letztendlich geschäftlichen Erfolg zu erzielen. Indem Unternehmen die Bedürfnisse und Interessen ihrer Zielgruppe verstehen, können sie Inhalte erstellen, die bei ihrem Publikum Anklang finden und sie als vertrauenswürdige Quelle für Informationen und Lösungen etablieren.

Verständnis der Zielgruppe

Wir beginnen damit, die Bedeutung des Verständnisses der Zielgruppe hervorzuheben. Durch Marktforschung, Analyse der Demografie und Identifizierung von Käuferpersonas gewinnen Unternehmen Einblicke in die Vorlieben, Schmerzpunkte und Interessen ihres Publikums. Dieses Verständnis bildet die Grundlage für die Erstellung von Inhalten, die direkt auf ihre Bedürfnisse eingehen und ihre Aufmerksamkeit erregen. Indem Inhalte auf die spezifischen Interessen und Herausforderungen der Zielgruppe zugeschnitten werden, können Unternehmen sich als wertvolle Ressourcen positionieren und starke Verbindungen aufbauen.

Bereitstellung von Mehrwert und Lösungen

Wertvolle Inhalte sind der Schlüssel, um die Aufmerksamkeit des Publikums zu gewinnen und zu halten. Wir diskutieren die Bedeutung der Bereitstellung von lehrreichen, informativen und unterhaltsamen Inhalten, die sich mit den Problemen der Zielgruppe befassen oder Lösungen bieten. Indem Einblicke, Tipps, Tutorials oder Expertenrat angeboten werden, können Unternehmen sich als Branchenführer und verlässliche Quellen relevanter Informationen etablieren. Wertvolle Inhalte bauen nicht nur

Vertrauen auf, sondern ermutigen das Publikum auch zur Interaktion, zum Teilen und zur Rückkehr nach mehr.

Storytelling und Emotionen

Storytelling ist eine kraftvolle Technik, um emotionale Verbindungen zum Publikum herzustellen. Wir erkunden die Elemente des Storytellings, wie die Entwicklung von Charakteren, Konflikte und Auflösung. Durch die Integration von Storytelling in den Inhalt können Unternehmen Emotionen hervorrufen, das Publikum fesseln und einen bleibenden Eindruck hinterlassen. Geschichten haben die Fähigkeit, zu inspirieren, zu unterhalten und auf einer tieferen Ebene zu begeistern, sodass Unternehmen bedeutsame Verbindungen herstellen und Markenloyalität fördern können.

Visuelle und interaktive Inhalte

Visuelle und interaktive Inhalte können die Interaktion erheblich verbessern und Inhalte einprägsamer machen. Wir diskutieren die Wirksamkeit der Verwendung von Bildern, Videos, Infografiken und interaktiven Elementen, um die Aufmerksamkeit des Publikums zu erfassen und Informationen auf eine packende Weise zu vermitteln. Visuelle Inhalte unterbrechen nicht nur den Text, sondern helfen auch dabei, komplexe Konzepte schnell und effektiv zu vermitteln. Interaktive Inhalte wie Quizze, Umfragen und interaktive Infografiken ermutigen das Publikum zur Teilnahme und schaffen ein intensiveres Erlebnis.

Konsistenz und Aktualität

Konsistenz ist entscheidend, um das Publikum zu binden und eine treue Anhängerschaft aufzubauen. Wir betonen die Bedeutung der regelmäßigen Bereitstellung von Inhalten und der Einhaltung eines Content-Kalenders oder Veröffentlichungsplans. Durch regelmäßige Aktualisierungen zeigt das Unternehmen sein Engagement, aktuelle und relevante Informationen bereitzustellen. Darüber hinaus sollten Unternehmen bestrebt sein, frische und einzigartige Inhalte zu erstellen, die eine neue Perspektive bieten oder Informationen auf eine neue und interessante Weise präsentieren. Indem sie aktuell und innovativ bleiben, können Unternehmen die Aufmerksamkeit ihres Publikums gewinnen und halten.

Packende Überschriften und Hooks

Die Aufmerksamkeit des Publikums zu gewinnen, beginnt mit packenden Überschriften und Hooks. Wir erkunden Techniken, um packende Überschriften zu erstellen, die Neugier wecken und die Leser dazu verleiten, weiterzuklicken und mehr zu entdecken. Unternehmen sollten sich darauf konzentrieren, klare, prägnante und fesselnde Überschriften zu erstellen, die den Wert und die Relevanz des Inhalts vermitteln. Hooks wie fesselnde Einleitungen oder Einstiegsaussagen helfen dabei, das Publikum von Anfang an zu fesseln und sie dazu zu bewegen, den Inhalt weiterzulesen oder sich damit zu beschäftigen.

Nutzererzeugte Inhalte und sozialer Beweis

Nutzererzeugte Inhalte und sozialer Beweis spielen eine wichtige Rolle beim Aufbau von Vertrauen und Authentizität. Wir diskutieren die Vorteile der Förderung von nutzererzeugten Inhalten wie Kundenbewertungen, Rezensionen und nutzergenerierten Geschichten. Indem reale Erfahrungen und positive Rückmeldungen präsentiert werden, können Unternehmen den sozialen Beweis nutzen, um Glaubwürdigkeit aufzubauen und das Vertrauen ihres Publikums zu stärken. Nutzererzeugte Inhalte fördern auch ein Gefühl von Gemeinschaft und ermutigen zur Teilnahme des Publikums.

Durch die Erstellung packender und relevanter Inhalte können Unternehmen ihr Publikum fesseln, sich als Meinungsführer etablieren und Engagement und Konversionen fördern. Das Verständnis der Zielgruppe, die Bereitstellung von Mehrwert, die Integration von Storytelling und Emotionen, die Nutzung von visuellen und interaktiven Elementen, die Aufrechterhaltung von Konsistenz und Aktualität, die Erstellung ansprechender Überschriften und Hooks sowie die Nutzung von nutzererzeugten Inhalten tragen zu einer starken Content-Marketing-Strategie bei. Indem Unternehmen kontinuierlich hochwertigen Inhalt liefern, der den Bedürfnissen und Interessen des Publikums entspricht, können sie starke Verbindungen aufbauen, Markenloyalität fördern und langfristigen Erfolg erzielen.

Implementierung von Content-Distributionsstrategien

In diesem Kapitel erforschen wir die Bedeutung der Implementierung effektiver Content-Distributionsstrategien als entscheidenden Bestandteil des Content-Marketings. Das Erstellen großartiger Inhalte ist nur die halbe Miete; Unternehmen müssen auch sicherstellen, dass ihre Inhalte die Zielgruppe erreichen und maximale Sichtbarkeit und Engagement generieren. Durch die Nutzung verschiedener Content-Distributionskanäle und -taktiken können Unternehmen die Reichweite ihrer Inhalte vergrößern, neue Zielgruppen gewinnen und den Verkehr auf ihre Website lenken.

Verständnis der Content-Distributionskanäle

Wir beginnen damit, die verschiedenen verfügbaren Content-Distributionskanäle zu diskutieren. Diese Kanäle umfassen eine Vielzahl von Plattformen und Taktiken, darunter soziale Medien, E-Mail-Marketing, Zusammenarbeit mit Influencern, Gastblogging, Content-Syndizierung und Suchmaschinenoptimierung (SEO). Jeder Kanal bietet einzigartige Vorteile und erreicht eine spezifische Zielgruppe, und Unternehmen sollten sorgfältig die Kanäle auswählen, die mit den Vorlieben und Verhaltensweisen ihrer Zielgruppe übereinstimmen.

Social Media Marketing

Soziale Medien sind leistungsstarke Werkzeuge für die Content-Distribution. Wir erkunden die Bedeutung der Auswahl der richtigen sozialen Medienkanäle basierend auf der Demografie und den Interessen der Zielgruppe. Unternehmen sollten ansprechende und teilbare Inhalte erstellen, die mit den Nutzern der sozialen Medien resonieren. Durch die Nutzung von Social Media Marketing-Techniken wie dem Erstellen von ansprechenden Bildern, der Verwendung passender Hashtags und der

Förderung der Teilnahme des Publikums können Unternehmen die Sichtbarkeit ihrer Inhalte erhöhen, soziale Shares generieren und den Verkehr auf ihre Website lenken.

E-Mail-Marketing

E-Mail-Marketing ist eine effektive Content-Distributionsstrategie, um eine gezielte Zielgruppe direkt zu erreichen. Wir diskutieren die Bedeutung des Aufbaus einer E-Mail-Liste und der Segmentierung basierend auf den Interessen der Nutzer. Durch das Erstellen personalisierter und relevanter E-Mail-Kampagnen, die wertvollen Inhalt liefern, können Unternehmen Beziehungen zu ihren Abonnenten aufbauen, den Verkehr auf bestimmte Inhalte lenken und Engagement sowie Konversionen fördern.

Zusammenarbeit mit Influencern

Die Zusammenarbeit mit Influencern kann die Reichweite und Sichtbarkeit von Inhalten erheblich erweitern. Wir erforschen die Vorteile der Identifizierung von Influencern in der Branche oder Nische und der Zusammenarbeit mit ihnen, um Inhalte an ihr Publikum zu fördern. Durch die Nutzung der Glaubwürdigkeit und Reichweite des Influencers können Unternehmen neue Zielgruppen erreichen, sozialen Beweis erlangen und den Verkehr auf ihre Inhalte lenken.

Gastblogging

Beim Gastblogging schreiben und veröffentlichen Unternehmen Inhalte auf externen Websites oder Blogs. Wir diskutieren die Vorteile des Gastbloggings, wie das Erreichen neuer Zielgruppen, den Aufbau vonBacklinks und die Etablierung von Meinungsführerschaft. Indem Unternehmen seriöse Websites identifizieren, die den Interessen der Zielgruppe entsprechen, können sie wertvollen Inhalt beitragen und eine breitere Leserschaft erreichen.

Content-Syndizierung

Die Content-Syndizierung beinhaltet die Verbreitung von Inhalten über Drittanbieterplattformen oder -netzwerke. Wir erforschen die Vorteile der Syndizierung von Inhalten auf Plattformen wie Medium, LinkedIn Pulse oder branchenspezifischen Content-Aggregatoren. Die Syndizierung ermöglicht es Unternehmen, ein breiteres Publikum zu erreichen, die Markenbekanntheit zu steigern und den Verkehr auf ihre Website zu lenken.

Durch die Implementierung effektiver Content-Distributionsstrategien können Unternehmen sicherstellen, dass ihre Inhalte die gewünschte Zielgruppe erreichen, maximale Sichtbarkeit und Engagement generieren. Indem sie verschiedene Distributionskanäle nutzen, darunter Social Media Marketing, E-Mail-Marketing, Zusammenarbeit mit Influencern, Gastblogging und Content-Syndizierung, können Unternehmen ihre Inhalte erweitern, neue Zielgruppen ansprechen und den Verkehr auf ihre Website lenken.

Suchmaschinenoptimierung (SEO)

Suchmaschinenoptimierung (SEO) spielt eine entscheidende Rolle bei der Content-Distribution, indem sie die Sichtbarkeit von Inhalten in den Suchmaschinenergebnisseiten (SERPs) verbessert. Wir diskutieren die Bedeutung der Optimierung von Inhalten für relevante Keywords, das Erstellen von Meta-Tags und -Beschreibungen sowie den Aufbau hochwertiger Backlinks. Durch die Implementierung effektiver SEO-Strategien können Unternehmen den organischen Traffic auf ihre Inhalte steigern und Benutzer anziehen, die aktiv nach relevanten Informationen suchen.

Bezahlte Werbung

Bezahlte Werbung bietet Möglichkeiten zur gezielten Förderung von Inhalten. Wir erkunden Optionen wie Suchmaschinenwerbung (Pay-per-Click), Social Media Werbung und Native Advertising. Indem Unternehmen Werbebudgets strategisch zuweisen und bestimmte Zielgruppensegmente ansprechen, können sie die Reichweite ihrer Inhalte verstärken, Website-Traffic generieren und die Markenbekanntheit erhöhen.

Überwachung und Analyse

Die Überwachung der Leistung von Content-Distributionsbemühungen ist entscheidend, um zu verstehen, welche Kanäle und Taktiken am effektivsten sind. Wir diskutieren die Bedeutung der Nutzung von Analysetools zur Verfolgung von Leistungskennzahlen (KPIs) wie Website-Traffic, Engagement-Metriken, Konversionsraten und Social Shares. Durch die Analyse von Daten können Unternehmen datenbasierte Entscheidungen treffen, Content-Distributionsstrategien optimieren und Ressourcen auf Kanäle verteilen, die die besten Ergebnisse liefern.

Durch die Implementierung effektiver Content-Distributionsstrategien können Unternehmen sicherstellen, dass ihre Inhalte die Zielgruppe erreichen, Sichtbarkeit generieren und Engagement und Konversionen fördern. Die Nutzung von Social Media Marketing, E-Mail-Marketing, Zusammenarbeit mit Influencern, Gastblogging, Content-Syndizierung, SEO, bezahlter Werbung und Überwachung von Analysen trägt zu einem umfassenden Content-Distributionsplan bei. Indem Unternehmen die richtigen Kanäle und Taktiken basierend auf den Vorlieben und Verhaltensweisen der Zielgruppe auswählen, können sie die Auswirkungen ihrer Inhalte maximieren und ihre Ziele im Content-Marketing erreichen.

KAPITEL 6
Social Media Marketing

In diesem Kapitel tauchen wir in die Kraft des Social Media Marketings als entscheidenden Bestandteil von Digitalmarketing-Strategien ein. Soziale Medien haben die Kommunikation revolutioniert und die Art und Weise verändert, wie Unternehmen mit ihrem Publikum in Verbindung treten. Durch eine effektive Nutzung von sozialen Medien können Unternehmen die Sichtbarkeit ihrer Marke erhöhen, mit Kunden interagieren, Website-Traffic generieren und bedeutungsvolle Beziehungen aufbauen.

Verständnis der Rolle des Social Media Marketings

Wir beginnen mit der Bedeutung des Social Media Marketings in der heutigen digitalen Landschaft. Soziale Medien bieten Unternehmen eine direkte Kommunikationsmöglichkeit mit ihrer Zielgruppe, was es ihnen ermöglicht, Markenbekanntheit aufzubauen, wertvollen Inhalt zu teilen und an bedeutsamen Gesprächen teilzunehmen. Wir erkunden die Vorteile des Social Media Marketings wie die Steigerung der Markensichtbarkeit, die Erweiterung der Reichweite und die Menschlichkeit der Marke durch authentische Verbindungen mit Kunden.

Auswahl der richtigen Social Media Plattformen

Nicht alle sozialen Medien sind gleich, und es ist entscheidend, dass Unternehmen die Plattformen identifizieren, die den Vorlieben und Verhaltensweisen ihrer Zielgruppe entsprechen. Wir diskutieren beliebte Plattformen wie Facebook, Instagram, Twitter, LinkedIn, YouTube und Pinterest und heben ihre einzigartigen Merkmale und Zielgruppendemografien hervor. Indem Unternehmen die richtigen Plattformen auswählen, können sie ihre Bemühungen auf Kanäle konzentrieren, die das größte Potenzial haben, ihre Zielgruppe effektiv zu erreichen und zu begeistern.

Erstellung ansprechender Inhalte für soziale Medien

Die Erstellung ansprechender Inhalte ist entscheidend, um die Aufmerksamkeit und das Interesse der Nutzer in sozialen Medien zu wecken. Wir erkunden verschiedene Arten von Inhalten wie Bilder, Videos, Infografiken, Live-Streams und interaktive Inhalte. Unternehmen sollten sich darauf konzentrieren, wertvollen, unterhaltsamen und visuell ansprechenden Inhalt zu liefern, der mit ihrer Zielgruppe resoniert. Indem sie Inhalte an die Vorlieben und Interessen der Nutzer in sozialen Medien anpassen, können Unternehmen Engagement fördern, soziale Weitergabe fördern und ihre Reichweite erweitern.

Aufbau und Pflege einer Community in sozialen Medien

Soziale Medien bieten die Möglichkeit, eine Gemeinschaft treuer Anhänger und Befürworter aufzubauen. Wir diskutieren Strategien zur Förderung des Engagements, wie das Beantworten von Kommentaren und Nachrichten, das Stellen von Fragen, das Durchführen von Wettbewerben oder Verlosungen und die Förderung von nutzergenerierten Inhalten. Durch aktive Interaktion mit Followern können Unternehmen starke Beziehungen aufbauen, wertvolles Feedback erhalten und ein Gefühl von Zugehörigkeit und Loyalität in der sozialen Medien-Community schaffen.

Nutzung von Social Media Werbung

Soziale Medien bieten leistungsstarke Targeting-Optionen, um spezifische Zielgruppensegmente zu erreichen. Wir erkunden die Vorteile von Social Media Werbeplattformen wie Facebook Ads, Instagram Ads, Twitter Ads und LinkedIn Ads. Unternehmen können bezahlte Werbung nutzen, um ihre Reichweite zu verstärken, Website-Traffic zu generieren, bestimmte Produkte oder Dienstleistungen zu bewerben und Leads zu generieren. Durch die Entwicklung strategischer Werbekampagnen können Unternehmen die Auswirkungen ihrer Social Media Marketing-Maßnahmen maximieren.

Überwachung und Messung der Leistung in sozialen Medien

Die Überwachung und Messung der Leistung in sozialen Medien ist entscheidend, um Strategien zu optimieren und gewünschte Ergebnisse zu erzielen. Wir diskutieren die Bedeutung der Verfolgung wichtiger Kennzahlen wie Reichweite, Engagement, Follower-Wachstum, Klickrate und Konversionen. Durch den Einsatz von Analysetools für soziale Medien und die Analyse von Daten können Unternehmen Erkenntnisse über die Wirksamkeit ihrer Social-Media-Bemühungen gewinnen, Trends identifizieren und datenbasierte Entscheidungen zur Verbesserung der Leistung treffen.

Auf dem neuesten Stand der Social-Media-Trends bleiben

Soziale Medien sind ein dynamisches und sich ständig veränderndes Umfeld. Wir betonen die Bedeutung, über die neuesten Social-Media-Trends, Funktionen und Algorithmus-Updates informiert zu bleiben. Durch die Anpassung an aufkommende Trends und die Nutzung neuer Funktionen können Unternehmen an vorderster Front bleiben, die Aufmerksamkeit des Publikums erlangen und einen Wettbewerbsvorteil in ihren Social-Media-Marketingstrategien behalten.

Durch die Nutzung der Kraft des Social-Media-Marketings können Unternehmen ihre Markenpräsenz stärken, mit ihrem Publikum auf persönlicher Ebene interagieren und bedeutungsvolle Interaktionen fördern. Die Auswahl der richtigen Plattformen, die Erstellung ansprechender Inhalte, der Aufbau einer Social-Media-Community, die Nutzung von Werbemöglichkeiten, die Überwachung der Leistung und das Auf dem neuesten Stand bleiben bei Trends tragen allesamt zu einer umfassenden Social-Media-Marketingstrategie bei. Durch eine effektive Nutzung von Social-Media können Unternehmen ihre Marketingziele erreichen und in der digitalen Landschaft erfolgreich sein.

Entwicklung einer Social-Media-Strategie

In diesem Kapitel untersuchen wir den Prozess der Entwicklung einer effektiven Social-Media-Strategie, die sich mit den Geschäftszielen deckt und die Wirkung der Social-Media-Marketingbemühungen maximiert. Eine gut ausgearbeitete Social-Media-Strategie liefert Unternehmen einen Fahrplan, um Social-Media-Plattformen zu nutzen, um ihre Ziele zu erreichen, mit ihrem Publikum in Kontakt zu treten und bedeutungsvolle Ergebnisse zu erzielen.

Festlegung von Zielen und Zielsetzungen

Wir beginnen damit, die Bedeutung der Festlegung klarer und spezifischer Ziele und Zielsetzungen für die Social-Media-Strategie hervorzuheben. Ob es darum geht, die Markenbekanntheit zu steigern, den Website-Traffic zu erhöhen, Leads zu generieren oder das Kundenengagement zu verbessern, Unternehmen sollten identifizieren, was sie durch ihre Social-Media-Bemühungen erreichen möchten. Klare Ziele geben die Richtung vor und dienen als Maßstab für den Erfolg.

Verständnis der Zielgruppe

Ein tiefes Verständnis der Zielgruppe ist entscheidend für die Entwicklung einer effektiven Social-Media-Strategie. Wir diskutieren die Bedeutung der Durchführung von Zielgruppenforschung, der Analyse von demografischen Merkmalen, Interessen, Verhaltensweisen und Schmerzpunkten. Durch das Gewinnen von Einblicken in die Vorlieben ihres Publikums können Unternehmen ihre Inhalte, Botschaften und Engagementstrategien effektiv an ihre Zielgruppe anpassen.

Auswahl der richtigen Social-Media-Plattformen

Wir gehen auf den Prozess der Auswahl der richtigen Social-Media-Plattformen ein, basierend auf den Vorlieben und Verhaltensweisen der Zielgruppe. Jede Plattform hat ihre eigenen einzigartigen Merkmale, Nutzerdemografien und Engagement-Muster. Unternehmen sollten Plattformen wie Facebook, Instagram, Twitter, LinkedIn, YouTube und Pinterest evaluieren und diejenigen auswählen, die mit ihrer Zielgruppe übereinstimmen und ihre Ziele unterstützen.

Entwicklung einer Content-Strategie

Eine gut definierte Content-Strategie ist der Schlüssel zur Einbindung der Zielgruppe und zum Erfolg in den sozialen Medien. Wir diskutieren die Bedeutung der Erstellung von wertvollem, relevantem und teilbarem Inhalt, der mit den Interessen und Bedürfnissen der Zielgruppe übereinstimmt. Unternehmen sollten Themen, Formate und Veröffentlichungshäufigkeiten bestimmen und dabei auch berücksichtigen, wie sie nutzergenerierten Inhalt und Storytelling-Techniken nutzen können, um das Engagement zu erhöhen.

Entwicklung einer Markenstimme und eines Tons

Konsistenz in der Markenstimme und im Tonfall ist entscheidend für den Aufbau einer starken Markenidentität in den sozialen Medien. Wir erkunden den Prozess der Definition einer Markenstimme, die die Persönlichkeit, Werte und Positionierung des Unternehmens widerspiegelt. Durch die Festlegung von Richtlinien für die Kommunikation in densozialen Medien können Unternehmen einen konsistenten Tonfall beibehalten, der mit ihrer Zielgruppe resoniert und die Markenbekanntheit stärkt.

Interaktion und Community-Aufbau

Die Interaktion ist ein wichtiger Aspekt der Social-Media-Strategie. Wir diskutieren Techniken zur Förderung bedeutungsvoller Interaktionen mit dem Publikum, einschließlich der Beantwortung von Kommentaren, Nachrichten und Erwähnungen, dem Stellen von Fragen, dem Durchführen von Wettbewerben oder Umfragen und der Förderung von nutzergeneriertem Inhalt. Durch aktive Interaktion mit dem Publikum können Unternehmen eine treue Community aufbauen, Markenbefürwortung fördern und Mundpropaganda-Marketing vorantreiben.

Nutzung von Social-Media-Werbung

Wir erkunden die Rolle von Social-Media-Werbung bei der Verstärkung der Social-Media-Bemühungen. Unternehmen sollten kostenpflichtige Werbeoptionen auf Plattformen wie Facebook Ads, Instagram Ads, Twitter Ads oder LinkedIn Ads in Betracht ziehen, um eine größere Zielgruppe zu erreichen, spezifische Inhalte oder Angebote zu bewerben und gezielten Traffic auf ihre Website zu lenken. Durch klare Zielsetzungen, die Definition der Zielgruppe und die Optimierung von Werbekampagnen können Unternehmen die Wirkung ihrer Social-Media-Werbung maximieren.

Überwachen, Messen und Anpassen

Die Überwachung und Messung der Leistung in den sozialen Medien sind entscheidend, um die Wirksamkeit der Strategie zu bewerten. Wir betonen die Bedeutung der Verfolgung von Schlüsselkennzahlen wie Reichweite, Engagement, Follower-Wachstum, Klickrate und Konversionen. Durch die Nutzung von Social-Media-Analysetools und die Analyse von Daten können Unternehmen Erkenntnisse darüber gewinnen, was funktioniert, und datengesteuerte Optimierungen vornehmen, um die Leistung kontinuierlich zu verbessern.

Aktualität und Entwicklung

Die sozialen Medien sind dynamisch, und es ist für Unternehmen entscheidend, mit den neuesten Trends, Funktionen und Änderungen in den Algorithmen auf dem Laufenden zu bleiben. Wir legen großen Wert auf kontinuierliches Lernen, das Anpassen von Strategien basierend auf dem Verhalten des Publikums und den Aktualisierungen der Plattformen sowie das Nutzen neuer Chancen. Indem sie informiert bleiben und sich mit der Entwicklung des sozialen Medienumfelds weiterentwickeln, können Unternehmen wettbewerbsfähig bleiben und ihr Potenzial im Bereich Social-Media-Marketing optimal ausschöpfen.

Durch die Entwicklung einer gut ausgearbeiteten Social-Media-Strategie können Unternehmen die Kraft der Social-Media-Plattformen effektiv nutzen, um ihre Ziele zu erreichen, mit ihrer Zielgruppe in Kontakt zu treten und bedeutungsvolle Ergebnisse zu erzielen. Das Festlegen von Zielen, das Verständnis der Zielgruppe, die Auswahl der richtigen Plattformen, die Entwicklung einer Content-Strategie, die Entwicklung einer Markenstimme, die Förderung von Engagement, die Nutzung von Social-Media-Werbung, die Überwachung der Leistung und das aktuelle Bleiben tragen alle zu einer umfassenden Social-Media-Strategie bei, die konkrete Geschäftsergebnisse liefert.

Interaktion mit Followern und Aufbau von Markenloyalität

In diesem Kapitel erkunden wir die Bedeutung der Interaktion mit Followern in den sozialen Medien und den Aufbau von Markenloyalität durch bedeutungsvolle Interaktionen. Soziale Medien bieten Unternehmen eine einzigartige Möglichkeit, direkt mit ihrem Publikum in Kontakt zu treten, Beziehungen aufzubauen und eine treue Gemeinschaft von Markenbefürwortern zu schaffen.

Zuhören und auf Feedback reagieren

Das Zuhören des Publikums und das Reagieren auf ihr Feedback sind entscheidend für den Aufbau von Engagement und Loyalität. Wir diskutieren die Bedeutung des aktiven Überwachens von Kommentaren, Nachrichten und Erwähnungen in den sozialen Medien und des zeitnahen Beantwortens von Anfragen, Bedenken oder Komplimenten. Indem sie Aufmerksamkeit zeigen und auf das Feedback des Publikums eingehen, können Unternehmen zeigen, dass sie die Meinungen ihrer Follower wertschätzen und sich der Bereitstellung exzellenten Kundenservice verpflichtet fühlen.

Fragen stellen und Gespräche fördern

Die Interaktion mit Followern umfasst das Initiieren von Gesprächen und die Förderung aktiver Beteiligung. Wir erkunden Techniken wie das Stellen offener Fragen, das Durchführen von Umfragen oder Befragungen und das Einholen von Meinungen zu relevanten Themen. Indem sie Follower einladen, ihre Gedanken, Erfahrungen und Ideen zu teilen, können Unternehmen ein Gemeinschaftsgefühl schaffen und Follower das Gefühl geben, wertgeschätzt zu werden. Bedeutungsvolle Gespräche stärken nicht nur die Verbindung zwischen Marke und Followern, sondern liefern auch wertvolle Einblicke für Geschäftsverbesserungen.

Teilen von nutzergenerierten Inhalten

Nutzergenerierte Inhalte (UGC) sind ein leistungsstarkes Instrument zur Förderung von Markenloyalität. Wir diskutieren die Vorteile des Teilens und Präsentierens von UGC, wie Kundenbewertungen, Kundenfotos oder -videos. Indem Unternehmen UGC auf Social-Media-Plattformen präsentieren, können sie zeigen, dass sie ihre Kunden schätzen und wertschätzen, während sie auch andere ermutigen, sich zu engagieren und ihre eigenen Inhalte beizusteuern. UGC fördert ein Gefühl der Zugehörigkeit und stärkt die Bindung zwischen Marke und Gemeinschaft.

Durchführung von Wettbewerben und Verlosungen

Wettbewerbe und Verlosungen sind effektive Strategien, um Follower einzubinden und Begeisterung zu erzeugen. Wir erforschen die Vorteile der Durchführung von Wettbewerben oder Verlosungen in den sozialen Medien, bei denen Teilnehmer die Möglichkeit haben, Preise zu gewinnen, indem sie mit den Inhalten der Marke interagieren, Beiträge teilen oder nutzergenerierte Inhalte einreichen. Solche Aktivitäten erzeugen Aufmerksamkeit, fördern die Teilnahme und erhöhen die Sichtbarkeit der Marke. Indem sie Follower belohnen und eine Vorfreude erzeugen, können Unternehmen das Engagement und die Loyalität fördern.

Bereitstellung wertvoller und teilbarer Inhalte

Das Bereitstellen wertvoller und teilbarer Inhalte ist grundlegend, um Follower einzubeziehen und Markenloyalität aufzubauen. Wir diskutieren die Bedeutung der Erstellung von Inhalten, die das Zielpublikum informieren, unterhalten oder Probleme lösen. Durch die kontinuierliche Bereitstellung von Inhalten, die einen Mehrwert für das Leben der Follower bieten, können Unternehmen sich als vertrauenswürdige Ressource positionieren und das Teilen in sozialen Medien fördern. Wertvolle und teilbare Inhalte erhöhen nicht nur die Reichweite der Marke, sondern fördern auch eine Loyalität, da Follower die Marke als zuverlässige und hilfreiche Quelle identifizieren.

Individualisierung von Interaktionen

Die Individualisierung ist der Schlüssel zum Aufbau starker Beziehungen und Loyalität in den sozialen Medien. Wir erkunden Techniken wie die persönliche Ansprache von Followern mit ihrem Namen, die Anerkennung von Meilensteinen oder besonderen Anlässen und die Anpassung von Inhalten an bestimmte Zielgruppensegmente. Durch die Individualisierung von Interaktionen zeigen Unternehmen, dass sie Follower als Individuen sehen und sich um ihre einzigartigen Bedürfnisse kümmern. Die Individualisierung schafft eine Verbindung und verbessert insgesamt die Benutzererfahrung in den sozialen Medien.

Belohnung der Loyalität

Die Anerkennung und Belohnung treuer Follower ist entscheidend für den Aufbau von Markenloyalität. Wir diskutieren Strategien wie exklusive Angebote, Rabatte oder frühen Zugriff auf neue Produkte oder Inhalte für treue Follower. Indem sie ihre Unterstützung würdigen, können Unternehmen ein Gefühl von Exklusivität schaffen und Follower das Gefühl geben, geschätzt und besonders zu sein. Belohnungen für die Loyalität verstärken positive Markenassoziationen und ermutigen zu weiterem Engagement und zur Förderung der Marke.

Durch die Interaktion mit Followern in den sozialen Medien und den Aufbau von Markenloyalität können Unternehmen eine leidenschaftliche Gemeinschaft von Markenbefürwortern schaffen, die die Marke nicht nur unterstützen, sondern auch aktiv für sie werben. Indem sie auf Feedback hören und darauf reagieren, Gespräche fördern, nutzergenerierte Inhalte teilen, Wettbewerbe durchführen, wertvolle Inhalte bereitstellen, Interaktionen individualisieren und Loyalität belohnen, können Unternehmen eine treue Anhängerschaft aufbauen, die die Grundlage für langfristigen Erfolg in den sozialen Medien bildet.

Die Nutzung von Social-Media-Werbung

In diesem Kapitel erkunden wir die Kraft der Social-Media-Werbung als strategisches Instrument zur Verbesserung von Social-Media-Marketing-Maßnahmen und zur Erreichung spezifischer Geschäftsziele. Social-Media-Werbung bietet Unternehmen die Möglichkeit, hoch gezielte Zielgruppen zu erreichen, die Sichtbarkeit der Marke zu erhöhen, den Website-Traffic zu steigern und Leads zu generieren. Durch eine effektive Nutzung der Social-Media-Werbung können Unternehmen ihre Investitionsrendite maximieren und ihre Marketingziele erreichen.

Verständnis der Social-Media-Werbungsplattformen

Wir beginnen damit, die verschiedenen verfügbaren Social-Media-Werbungsplattformen zu besprechen, wie zum Beispiel Facebook Ads, Instagram Ads, Twitter Ads, LinkedIn Ads und Pinterest Ads. Wir erkunden die einzigartigen Funktionen, Targeting-Optionen und Anzeigenformate, die von jeder Plattform angeboten werden. Durch das Verständnis der Möglichkeiten verschiedener Plattformen können Unternehmen die am besten geeigneten Plattformen basierend auf ihrer Zielgruppe und ihren Kampagnenzielen auswählen.

Festlegung von Werbezielen

Die Klärung von Werbezielen ist entscheidend für eine erfolgreiche Social-Media-Werbekampagne. Wir besprechen gängige Ziele wie die Steigerung der Markenbekanntheit, den Website-Traffic, die Lead-Generierung, die Bewerbung von Produkten oder Dienstleistungen oder die Steigerung von Konversionen. Durch die klare Definition von Zielen können Unternehmen ihre Werbekampagnen mit spezifischen Zielen abstimmen und den Erfolg ihrer Werbemaßnahmen verfolgen.

Identifizierung der Zielgruppe

Effektive Social-Media-Werbung beruht auf präzisem Targeting. Wir erkunden die Bedeutung der Identifizierung und des Verständnisses der Zielgruppe, einschließlich demografischer Faktoren, Interessen, Verhaltensweisen und Vorlieben. Social-Media-Plattformen bieten umfangreiche Targeting-Optionen wie Alter, Standort, Interessen, Berufsbezeichnungen und mehr. Durch die Definition einer Zielgruppe und die Nutzung detaillierter Targeting-Funktionen können Unternehmen sicherstellen, dass ihre Anzeigen die relevantesten Nutzer erreichen, die wahrscheinlich an ihren Angeboten interessiert sind.

Gestaltung überzeugender Anzeigenkreationen

Überzeugende Anzeigenkreationen spielen eine entscheidende Rolle bei der Aufmerksamkeitserregung und der Steigerung des Engagements. Wir besprechen Techniken zur Erstellung aufmerksamkeitsstarker Visuals, überzeugender Anzeigentexte und klarer Handlungsaufforderungen. Anzeigen sollten optisch ansprechend sein, dem ästhetischen Erscheinungsbild der Marke entsprechen und den Wertbeitrag effektiv kommunizieren. Durch Investitionen in hochwertige Visuals und überzeugende Texte können Unternehmen die Effektivität ihrer Social-Media-Anzeigen steigern.

Festlegung von Budgets und Bietstrategien

Budgetierung und Bietstrategien sind entscheidend für das effektive Management von Social-Media-Werbekampagnen. Wir erkunden Optionen wie tägliche oder Gesamtbudgets und verschiedene Bietmethoden wie Kosten pro Klick (CPC) oder Kosten pro Impression (CPM). Durch die Festlegung realistischer Budgets und die Auswahl geeigneter Bietstrategien können Unternehmen ihre Anzeigenausgaben optimieren, Kosten kontrollieren und die Reichweite und Wirkung ihrer Anzeigen maximieren.

Überwachung und Optimierung der Kampagnenleistung

Die Überwachung und Optimierung der Kampagnenleistung sind entscheidend, um die Effektivität der Social-Media-Werbung zu maximieren. Wir besprechen die Bedeutung der regelmäßigen Verfolgung von Leistungskennzahlen (KPIs) wie Klickrate, Konversionsrate, Kosten pro Akquisition und Return on Ad Spend. Durch Analyse der Kampagnendaten und datenbasierte Optimierungen können Unternehmen ihr Targeting verfeinern, Anzeigenkreationen anpassen und Budgets für Kampagnen zuweisen, die die besten Ergebnisse liefern.

A/B-Tests und Experimente

A/B-Tests und Experimente sind wertvolle Strategien zur Optimierung von Social-Media-Werbekampagnen. Wir erkunden die Vorteile des Testens unterschiedlicher Anzeigenvariationen wie Visuals, Überschriften oder Handlungsaufforderungen, um die effektivsten Kombinationen zu identifizieren. Durch Durchführung von Experimenten und Analyse der Ergebnisse können Unternehmen ihre Anzeigen feinabstimmen, die Kampagnenleistung verbessern und Einblicke in Vorlieben und Verhaltensweisen der Zielgruppe gewinnen.

Remarketing und Retargeting

Remarketing und Retargeting ermöglichen es Unternehmen, Nutzer erneut anzusprechen, die zuvor mit ihrer Marke interagiert haben. Wir besprechen die Bedeutung der Verwendung von Remarketing-Pixeln und der gezielten Ansprache von benutzerdefinierten Zielgruppen, um maßgeschneiderte Anzeigen an Nutzer auszuliefern, die die Website besucht haben oder Interesse an bestimmten Produkten oder Dienstleistungen gezeigt haben. Durch das Aufrechterhalten von Präsenz und die Bereitstellung personalisierter Botschaften können Unternehmen Konversionen steigern und wiederholte Interaktionen fördern.

Durch eine effektive Nutzung von Social-Media-Werbung können Unternehmen ihre Zielgruppe präzise erreichen, die Sichtbarkeit der Marke erhöhen und gewünschte Aktionen anregen. Das Verständnis von Werbeplattformen, die Festlegung von Zielen, die Identifizierung der Zielgruppe, die Gestaltung überzeugender Anzeigenkreationen, die Festlegung von Budgets und Bietstrategien, die Überwachung und Optimierung der Kampagnenleistung, die Durchführung von A/B-Tests und die Nutzung von Remarketing- und Retargeting-Techniken tragen alle zu einer erfolgreichen Social-Media-Werbestrategie bei.

KAPITEL 7
Suchmaschinenmarketing (SEM) und Pay-per-Click (PPC)

In diesem Kapitel tauchen wir in die Welt des Suchmaschinenmarketings (SEM) und der Pay-per-Click (PPC) Werbung als leistungsstarke Instrumente ein, um gezielten Traffic zu generieren, die Sichtbarkeit der Marke zu erhöhen und messbare Ergebnisse zu erzielen. SEM- und PPC-Strategien ermöglichen es Unternehmen, Anzeigen in den Suchmaschinenergebnisseiten zu platzieren, um potenzielle Kunden zu erreichen, die aktiv nach relevanten Produkten oder Dienstleistungen suchen.

Verständnis des Suchmaschinenmarketings (SEM)

Wir beginnen mit der Erläuterung des Konzepts des Suchmaschinenmarketings (SEM) und seiner Bedeutung in den digitalen Marketingstrategien. SEM beinhaltet die Bewerbung von Websites durch bezahlte Werbemaßnahmen, um die Sichtbarkeit in den Suchmaschinenergebnisseiten (SERPs) zu erhöhen. Wir erkunden, wie Suchmaschinen wie Google, Bing oder Yahoo als Plattformen dienen, auf denen Unternehmen ihre Anzeigen Nutzern präsentieren können, die aktiv nach Informationen oder Lösungen suchen. Durch die Nutzung von SEM können Unternehmen sicherstellen, dass ihre Angebote prominent potenziellen Kunden präsentiert werden, um ihre Chancen auf Interaktionen und Konversionen zu maximieren.

Wichtige Elemente der Pay-per-Click (PPC) Werbung

Die Pay-per-Click (PPC) Werbung ist eine grundlegende Komponente des SEM. Wir diskutieren die wichtigen Elemente der PPC-Werbung, einschließlich des Auktionsmodells, der Gebotsstrategien und der Bestimmung des Anzeigenrangs. Mit PPC zahlen Unternehmen nur, wenn ihre Anzeigen angeklickt werden, was es zu einer kosteneffektiven Methode macht, um gezielten Traffic zu generieren. Wir erkunden, wie der Anzeigenrang, der durch Faktoren wie Gebotsbetrag, Anzeigenrelevanz und Erfahrung der Zielseite bestimmt wird, die Sichtbarkeit und den Erfolg von PPC-Anzeigen beeinflusst.

Keyword-Recherche und Auswahl

Eine effektive Keyword-Recherche und Auswahl sind entscheidend für SEM- und PPC-Kampagnen. Wir betonen die Bedeutung der Identifizierung relevanter Keywords, die mit den Angeboten des Unternehmens und der Suchintention der Zielgruppe übereinstimmen. Wir diskutieren den Einsatz von Keyword-Recherche-Tools, Wettbewerbsanalyse und Kundeneinblicken, um wertvolle Keywords zu entdecken. Durch das gezielte Ausrichten der richtigen Keywords können Unternehmen ihre Anzeigen für eine höhere Relevanz optimieren, die Klickrate erhöhen und qualifizierte Leads anziehen.

Erstellung überzeugender Anzeigentexte

Die Erstellung überzeugender Anzeigentexte ist entscheidend, um die Aufmerksamkeit der Nutzer zu erregen und die Klickrate zu steigern. Wir erkunden Techniken zum Verfassen prägnanter, überzeugender und ansprechender Anzeigentexte, die die Alleinstellungsmerkmale des Unternehmens kommunizieren. Unternehmen sollten sich auf eine klare Wertversprechenonen konzentrieren, Vorteile hervorheben und überzeugende Handlungsaufforderungen integrieren. Durch die Erstellung überzeugender Anzeigentexte können sich Unternehmen von Mitbewerbern abheben und Nutzer dazu verleiten, auf ihre Anzeigen zu klicken.

Optimierung der Zielseiten

Eine effektive Zielseite ist entscheidend, um Anzeigenklicks in gewünschte Aktionen wie Käufe, Anmeldungen oder Anfragen umzuwandeln. Wir diskutieren die Elemente einer gut optimierten Zielseite, einschließlich überzeugender Überschriften, überzeugendem Inhalt, klaren Handlungsaufforderungen und benutzerfreundlichem Design. Unternehmen sollten sicherstellen, dass Zielseiten mit der Anzeigenaussage übereinstimmen, relevante Informationen bieten und ein nahtloses Nutzungserlebnis bieten. Durch die Optimierung der Zielseiten können Unternehmen die Konversionsraten erhöhen und die Rendite ihrer PPC-Investitionen maximieren.

Monitoring, Testing und Optimierung

Kontinuierliches Monitoring, Testing und Optimierung sind entscheidend für erfolgreiche SEM- und PPC-Kampagnen. Wir diskutieren die Bedeutung der Verfolgung wichtiger Leistungskennzahlen wie Klickrate (CTR), Konversionsrate, Kosten pro Akquisition (CPA) und Return on Ad Spend (ROAS). Durch die Analyse von Kampagnendaten können Unternehmen Bereiche zur Verbesserung identifizieren, A/B-Tests durchführen, um Anzeigen und Zielseiten zu optimieren, und ihre Targeting- und Gebotsstrategien verfeinern. Eine kontinuierliche Optimierung gewährleistet, dass SEM- und PPC-Kampagnen die bestmöglichen Ergebnisse liefern und die Gesamtrendite des Marketings maximieren.

Remarketing und Display-Werbung

Wir erkunden die zusätzlichen Vorteile von Remarketing und Display-Werbung in SEM-Strategien. Remarketing ermöglicht es Unternehmen, Nutzer anzusprechen, die zuvor ihre Website besucht haben, indem sie personalisierte Anzeigen schalten, um sie erneut anzusprechen. Die Display-Werbung beinhaltet das Platzieren von visuell ansprechenden Anzeigen auf relevanten Websites im Google Display-Netzwerk oder anderen Werbenetzwerken. Durch die Nutzung von Remarketing und Display-Werbung können Unternehmen ihre Markenpräsenz verstärken, Konversionen steigern und eine breitere Zielgruppe erreichen, die über Suchmaschinenergebnisseiten hinausgeht.

Durch die Anwendung von Suchmaschinenmarketing (SEM) und Pay-per-Click (PPC) Strategien können Unternehmen einen Wettbewerbsvorteil in der digitalen Landschaft erlangen. Durch gründliche Keyword-Recherche, die Erstellung überzeugender Anzeigentexte, die Optimierung von Zielseiten, das Monitoring der Kampagnenleistung und die Nutzung von Remarketing und Display-Werbung können Unternehmen gezielten Traffic generieren, die Sichtbarkeit der Marke erhöhen und messbare Ergebnisse durch SEM- und PPC-Werbung erzielen.

Verständnis des Suchmaschinenmarketings (SEM) und seiner Vorteile

In diesem Kapitel erkunden wir das Konzept des Suchmaschinenmarketings (SEM) und die zahlreichen Vorteile, die es Unternehmen bietet. SEM beinhaltet die Bewerbung von Websites und die Steigerung ihrer Sichtbarkeit auf den Suchmaschinenergebnisseiten (SERPs) durch bezahlte Werbemaßnahmen. Durch den Einsatz von SEM-Strategien können Unternehmen die große Nutzerbasis von Suchmaschinen nutzen und potenzielle Kunden erreichen, die aktiv nach Produkten oder Dienstleistungen suchen.

Erhöhte Online-Sichtbarkeit

Einer der Hauptvorteile von SEM besteht in der Möglichkeit, die Online-Sichtbarkeit zu verbessern. Suchmaschinen wie Google, Bing oder Yahoo dienen als Plattformen, auf denen Unternehmen ihre Anzeigen prominent in den Suchergebnissen platzieren können. Diese erhöhte Sichtbarkeit gewährleistet, dass Unternehmen von Nutzern, die nach relevanten Informationen oder Lösungen suchen, eher wahrgenommen werden. Durch die Besetzung von Spitzenpositionen auf den SERPs können Unternehmen die Aufmerksamkeit ihrer Zielgruppe auf sich ziehen und sich von der Konkurrenz abheben.

Gezielte Reichweite

SEM ermöglicht es Unternehmen, eine hochgradig gezielte Zielgruppe zu erreichen. Durch Keyword-Recherche und Auswahl können

Unternehmen die spezifischen Keywords und Suchbegriffe identifizieren, die für ihre Angebote relevant sind und mit der Suchintention ihrer Zielgruppe übereinstimmen. Indem Anzeigen angezeigt werden, wenn Nutzer nach diesen spezifischen Keywords suchen, können Unternehmen sicherstellen, dass ihre Botschaft die relevanteste Zielgruppe erreicht, was die Wahrscheinlichkeit von Interaktionen und Konversionen erhöht.

Kosteneffektive Werbung

SEM, insbesondere Pay-per-Click (PPC)-Werbung, bietet ein kosteneffektives Werbemodell. Bei PPC zahlen Unternehmen nur, wenn ihre Anzeigen angeklickt werden, was es zu einer äußerst effizienten Methode macht, um gezielten Traffic auf ihre Websites zu lenken. Diese Kostenstruktur ermöglicht es Unternehmen, ihre Budgets effektiver zu verteilen und ihre Werbeausgaben zu optimieren, indem sie sich auf Keywords und Targeting-Optionen konzentrieren, die die besten Ergebnisse erzielen. Die Möglichkeit, Kampagnenleistung zu messen und zu verfolgen, liefert auch wertvolle Einblicke zur Optimierung zukünftiger Werbemaßnahmen.

Messbare Ergebnisse

Einer der wesentlichen Vorteile von SEM besteht in seiner Messbarkeit. Unternehmen können verschiedene Leistungskennzahlen wie Klickrate (CTR), Konversionsrate, Kosten pro Akquisition (CPA) und Return on Ad Spend (ROAS) verfolgen und messen. Diese Kennzahlen liefern wertvolle Erkenntnisse über die Wirksamkeit von SEM-Kampagnen und ermöglichen es Unternehmen, datenbasierte Entscheidungen zur Optimierung ihrer Strategien zu treffen. Durch kontinuierliches Monitoring und Analyse der Kampagnenleistung können Unternehmen ihr Targeting verfeinern, ihren Anzeigentext anpassen und ihre Budgets effektiver verteilen.

Schnelle und flexible Umsetzung

SEM bietet den Vorteil einer schnellen und flexiblen Umsetzung. Im Gegensatz zu traditionellen Werbekanälen, die möglicherweise umfangreiche Vorlaufzeiten und Planung erfordern, können Unternehmen SEM-Kampagnen relativ schnell starten. Diese Agilität ermöglicht es Unternehmen, schnell auf Markttrends, Werbeaktionen oder saisonale Nachfrage zu reagieren. Darüber hinaus bieten SEM-Plattformen Flexibilität in Bezug auf Budgetallokation, Targeting-Optionen und Anzeigenvariationen, sodass Unternehmen ihre Strategien bei Bedarf anpassen können, um maximale Ergebnisse zu erzielen.

Verbesserte Markenexposition und Glaubwürdigkeit

Durch eine kontinuierliche Präsenz in den Suchmaschinenergebnissen durch SEM können Unternehmen ihre Markenexposition verbessern und Glaubwürdigkeit aufbauen. Nutzer nehmen Unternehmen, die in den Top-Suchergebnissen erscheinen, häufig als seriöser und vertrauenswürdiger wahr. Die wiederholte Exposition durch SEM hilft Unternehmen, ihre Markenpräsenz zu stärken und sich als Branchenführer oder vertrauenswürdige Anbieter in ihren jeweiligen Bereichen zu positionieren.

Zusammenfassend bietet Suchmaschinenmarketing (SEM) Unternehmen eine Vielzahl von Vorteilen, darunter erhöhte Online-Sichtbarkeit, gezielte Reichweite, kosteneffektive Werbung, messbare Ergebnisse, schnelle Umsetzung und verbesserte Markenexposition und Glaubwürdigkeit. Durch eine effektive Nutzung von SEM-Strategien können Unternehmen zum richtigen Zeitpunkt mit ihrer Zielgruppe in Verbindung treten, qualifizierten Traffic auf ihre Websites lenken und ihre Marketingziele in der stark umkämpften Online-Landschaft erreichen.

Effektive PPC-Kampagnen erstellen

In diesem Kapitel tauchen wir in den Prozess der Erstellung effektiver Pay-per-Click (PPC)-Kampagnen im Rahmen des Suchmaschinenmarketings (SEM) ein. PPC-Werbung ermöglicht es Unternehmen, gezielte Anzeigen auf den Suchmaschinenergebnisseiten (SERPs) zu schalten, und die Beherrschung der Kunst der Erstellung wirkungsvoller PPC-Kampagnen ist entscheidend, um die Leistung von Anzeigen zu maximieren und gewünschte Ergebnisse zu erzielen.

Festlegen der Kampagnenziele

Der erste Schritt bei der Erstellung einer erfolgreichen PPC-Kampagne besteht darin, klare und spezifische Ziele festzulegen. Ob das Ziel darin besteht, den Website-Traffic zu steigern, Konversionen zu erhöhen, die Markenbekanntheit zu steigern oder Leads zu generieren, die klare Formulierung des Kampagnenzwecks bietet eine Grundlage für strategische Entscheidungen und Optimierungen der Kampagne.

Durchführung gründlicher Keyword-Recherche

Die Keyword-Recherche bildet das Rückgrat von PPC-Kampagnen. Dabei geht es darum, relevante Keywords zu identifizieren und auszuwählen, die mit der Suchintention der Zielgruppe und den Angeboten des Unternehmens übereinstimmen. Unternehmen sollten Keyword-Recherche-Tools, Wettbewerbsanalysen, Kundeninformationen und Branchentrends nutzen, um wertvolle Keywords aufzudecken. Durch das Targeting der richtigen Keywords können Unternehmen sicherstellen, dass ihre Anzeigen vor Nutzern erscheinen, die aktiv nach relevanten Produkten oder Dienstleistungen suchen.

Erstellen überzeugender Anzeigentexte

Überzeugender Anzeigentext ist entscheidend, um die Aufmerksamkeit der Nutzer zu gewinnen und die Klickrate (CTR) zu erhöhen. Der Anzeigentext sollte prägnant, überzeugend und die Alleinstellungsmerkmale des Unternehmens deutlich kommunizieren. Unternehmen sollten sich darauf konzentrieren, aufmerksamkeitsstarke Überschriften zu erstellen, wichtige Vorteile hervorzuheben und starke Handlungsaufforderungen (CTAs) einzubauen. Durch das Erstellen überzeugender Anzeigentexte, die bei der Zielgruppe Anklang finden, können Unternehmen sich von der Konkurrenz abheben und Nutzer dazu verleiten, auf ihre Anzeigen zu klicken.

Gestaltung von Landing Pages für Konversionen

Die Landing Page spielt eine entscheidende Rolle dabei, Klicks auf Anzeigen in gewünschte Handlungen umzuwandeln, wie beispielsweise

Käufe, Anmeldungen oder Anfragen. Unternehmen sollten Landing Pages gestalten, die mit dem Anzeigentext übereinstimmen, relevante und wertvolle Informationen bieten und klare und überzeugende CTAs enthalten. Landing Pages sollten ein benutzerfreundliches Layout, schnelle Ladezeiten und eine mobile Responsivität aufweisen. Durch die Optimierung von Landing Pages für Konversionen können Unternehmen das Nutzererlebnis verbessern und die Wahrscheinlichkeit gewünschter Ergebnisse erhöhen.

Festlegen von Budgets und GebotsstrategienDas Festlegen angemessener Budgets und Gebotsstrategien ist entscheidend für das effektive Management von PPC-Kampagnen. Unternehmen sollten den maximalen Betrag festlegen, den sie für Anzeigen ausgeben möchten, und die Budgets entsprechend zuweisen. Darüber hinaus hilft die Auswahl der richtigen Gebotsstrategie, wie z. B. manuelles Bieten oder automatisiertes Bieten, dabei, die Platzierung der Anzeigen zu optimieren und den Return on Investment (ROI) zu maximieren. Regelmäßige Überwachung und Anpassung von Budgets und Geboten auf Basis von Leistungsdaten tragen zum Erfolg der Kampagne bei.

Implementierung von Anzeigenerweiterungen

Anzeigenerweiterungen sind zusätzliche Funktionen, die die Sichtbarkeit und Leistung von PPC-Anzeigen verbessern. Sie bieten den Nutzern mehr Informationen, Optionen und Möglichkeiten, um mit der Anzeige zu interagieren. Unternehmen sollten Anzeigenerweiterungen wie Links zu anderen Seiten, Anruf-Erweiterungen, Standort-Erweiterungen und Bewertungs-Erweiterungen nutzen, um die Relevanz der Anzeigen zu verbessern, die Klickrate zu erhöhen und den Nutzern wertvolle Informationen bereitzustellen.

Überwachung und Analyse der Kampagnenleistung

Die Überwachung und Analyse der Kampagnenleistung ist entscheidend für die Optimierung von PPC-Kampagnen. Unternehmen sollten Tracking-Tools und Analyseplattformen nutzen, um wichtige Leistungskennzahlen wie CTR, Konversionsraten, Kosten pro Konversion und ROI zu überwachen. Durch die Analyse der Daten können Unternehmen Bereiche identifizieren, die nicht optimal laufen, datenbasierte Optimierungen vornehmen und ihre Targeting-, Gebotsstrategien, Anzeigentexte und Landingpage-Gestaltung verbessern, um bessere Kampagnenergebnisse zu erzielen.

A/B-Tests und Experimente

A/B-Tests und Experimente ermöglichen es Unternehmen, ihre PPC-Kampagnen weiter zu optimieren. Durch das Testen verschiedener Variationen von Anzeigentexten, Überschriften, Landing Pages oder CTAs können Unternehmen die effektivsten Kombinationen identifizieren und ihre Strategien auf Basis der Nutzerreaktionen verfeinern. Kontinuierliches Testen und Experimentieren helfen Unternehmen dabei, Erkenntnisse zu gewinnen, die Leistung von Anzeigen zu verbessern und im Laufe der Zeit die Ergebnisse der Kampagnen zu optimieren.

Indem sie diesen Schritten folgen und bewährte Verfahren umsetzen, können Unternehmen effektive PPC-Kampagnen im Rahmen ihrer SEM-Strategien erstellen. Das Festlegen der Kampagnenziele, die Durchführung gründlicher Keyword-Recherche, das Erstellen überzeugender Anzeigentexte, die Gestaltung von Landing Pages für Konversionen, das Festlegen von Budgets und Gebotsstrategien, die Implementierung von Anzeigenerweiterungen, die Überwachung und Analyse der Kampagnenleistung sowie die Nutzung von A/B-Tests und Experimenten tragen alle zum Erfolg von PPC-Kampagnen und dem Erreichen gewünschter Ergebnisse bei.

Optimierung der Anzeigenleistung und Messung des Return on Investment (ROI)

In diesem Kapitel erkunden wir die entscheidenden Schritte zur Optimierung der Anzeigenleistung und zur Messung des Return on Investment (ROI) in Pay-per-Click (PPC)-Kampagnen. Die Optimierung der Anzeigenleistung stellt sicher, dass Unternehmen die bestmöglichen Ergebnisse aus ihren Werbemaßnahmen erzielen, während die Messung des ROI wertvolle Einblicke in die Effektivität und Rentabilität von PPC-Kampagnen liefert.

Verfolgung wichtiger Leistungskennzahlen

Die Grundlage für die Optimierung der Anzeigenleistung besteht darin, wichtige Leistungskennzahlen zu verfolgen und zu analysieren. Unternehmen sollten Kennzahlen wie Klickrate (CTR), Konversionsrate, Kosten pro Konversion, durchschnittliche Position, Qualitätsfaktor und Return on Ad Spend (ROAS) überwachen. Durch das Verständnis, wie Anzeigen in Bezug auf verschiedene Kennzahlen abschneiden, können Unternehmen Bereiche zur Verbesserung identifizieren und datenbasierte Entscheidungen treffen, um ihre Kampagnen zu optimieren.

Verfeinerung von Targeting- und Gebotsstrategien

Effektives Targeting und Gebotsstrategien sind entscheidend für die Optimierung der Anzeigenleistung. Unternehmen sollten Daten analysieren, um Zielgruppensegmente mit hoher Leistung zu identifizieren und ihre Targeting-Parameter entsprechend anzupassen. Die Verfeinerung des Targetings ermöglicht es Unternehmen, ihre Werbeausgaben auf das relevanteste und wertvollste Publikum zu konzentrieren und so die Wahrscheinlichkeit von Engagement und Konversionen zu erhöhen. Ähnlich ist die Optimierung von Gebotsstrategien auf der Grundlage von Leistungsdaten hilfreich, um ein Gleichgewicht zwischen maximaler Anzeigenexposition und Kostenkontrolle zu erreichen.

Durchführung von A/B-Tests und Experimenten

A/B-Tests und Experimente spielen eine entscheidende Rolle bei der Optimierung der Anzeigenleistung. Durch das Testen verschiedener Variationen von Anzeigenelementen wie Überschriften, Anzeigentexten, Handlungsaufforderungen (CTAs) oder Landingpage-Designs können Unternehmen die effektivsten Kombinationen identifizieren, die auf ihre Zielgruppe abgestimmt sind. Kontinuierliches Testen und Experimentieren ermöglicht es Unternehmen, ihre Anzeigenelemente zu verfeinern, die Klickrate und Konversionsrate im Laufe der Zeit zu verbessern.

Optimierung von Anzeigentexten und Landingpages

Die Optimierung von Anzeigentexten und Landingpages ist entscheidend, um eine höhere Interaktion und Konversionsrate zu erzielen. Unternehmen sollten ihre Anzeigentexte kontinuierlich bewerten und verfeinern, um sicherzustellen, dass sie überzeugend, relevant und auf die Bedürfnisse und Vorlieben der Zielgruppe abgestimmt sind. Ebenso beinhaltet die Optimierung von Landingpages die Verbesserung von Design, Layout und Benutzererfahrung, um die Konversionsrate zu steigern. Indem Anzeigentexte und Landingpages den Erwartungen derZielgruppe entsprechen und kontinuierlich optimiert werden, können Unternehmen die Leistung ihrer Anzeigen verbessern und einen höheren ROI erzielen.

Optimierung der Anzeigenposition und des Anzeigenrangs

Die Anzeigenposition und der Anzeigenrang haben einen erheblichen Einfluss auf die Anzeigenleistung. Unternehmen sollten nach optimalen Anzeigenpositionen streben, die die Aufmerksamkeit der Nutzer erregen und eine höhere Klickrate erzielen. Die Optimierung des Anzeigenrangs beinhaltet die Verbesserung von Faktoren wie Anzeigenrelevanz, Landingpage-Erlebnis und erwarteter Klickrate. Durch die Fokussierung auf die Verbesserung dieser Faktoren können Unternehmen ihre Anzeigenpositionen verbessern, die Sichtbarkeit erhöhen und die Anzeigenleistung maximieren.

Konversionsverfolgung und Attribution

Die Verfolgung von Konversionen und deren Zuordnung zu bestimmten Anzeigen oder Kampagnen ist entscheidend für die genaue Messung des ROI. Unternehmen sollten Mechanismen zur Konversionsverfolgung implementieren, wie z. B. Konversionspixel oder -tags, um Nutzeraktionen wie Käufe, Formularübermittlungen oder Anmeldungen zu verfolgen. Attribution-Modelle helfen dabei, den Beitrag unterschiedlicher Anzeigen oder Touchpoints im Konversionsprozess zu bestimmen. Durch das Verständnis, welche Anzeigen die wertvollsten

Konversionen generieren, können Unternehmen ihre Kampagnen optimieren, um den ROI zu maximieren.

Kontinuierliche Überwachung und Optimierung

Die Optimierung der Anzeigenleistung ist ein fortlaufender Prozess. Unternehmen sollten die Leistung der Kampagne kontinuierlich überwachen, Daten auswerten und iterative Optimierungen vornehmen. Dies beinhaltet die Anpassung von Gebotsstrategien, die Verfeinerung des Targetings, das Testen neuer Anzeigenvariationen und die Optimierung von Landingpages basierend auf dem Nutzerverhalten und den Leistungskennzahlen. Durch regelmäßige Überprüfung und Optimierung der Kampagnen stellen Unternehmen sicher, dass sie wettbewerbsfähig bleiben, die Anzeigenleistung verbessern und den ROI maximieren.

Berechnung des Return on Investment (ROI)

Die Messung des ROI ist entscheidend für die Bewertung der Rentabilität von PPC-Kampagnen. Der ROI wird berechnet, indem der Gesamterlös, der durch die Kampagnen generiert wird, den Gesamtkosten, einschließlich Werbeausgaben und damit verbundenen Kosten, gegenübergestellt wird. Durch eine genaue Messung des ROI können Unternehmen die Effektivität ihrer PPC-Kampagnen bestimmen und fundierte Entscheidungen über die Budgetzuweisung und Kampagnenänderungen treffen.

Durch die Implementierung dieser Optimierungsstrategien und die Messung des ROI können Unternehmen sicherstellen, dass ihre PPC-Kampagnen optimale Ergebnisse liefern und eine positive Rendite erzielen. Die Verfolgung wichtiger Leistungskennzahlen, die Verfeinerung von Targeting- und Gebotsstrategien, die Durchführung von A/B-Tests, die Optimierung von Anzeigentexten und Landingpages, die Verbesserung der Anzeigenposition und des Anzeigenrangs, die Implementierung vonKonversionsverfolgung und Attribution, kontinuierliche Überwachung und Optimierung sowie die Berechnung des ROI tragen alle zur Optimierung der Anzeigenleistung und zur Maximierung der Effektivität von PPC-Kampagnen bei.

KAPITEL 8
E-Mail-Marketing und Automatisierung

In diesem Kapitel erkunden wir die Kraft des E-Mail-Marketings und der Automatisierung als effektive Strategien zur Interaktion mit Kunden, zur Pflege von Leads und zur Steigerung von Conversions. Das E-Mail-Marketing ermöglicht es Unternehmen, direkt mit ihrem Publikum zu kommunizieren, zielgerichtete Nachrichten zu versenden und langfristige Beziehungen aufzubauen. Die Automatisierung hebt das E-Mail-Marketing auf die nächste Stufe, indem sie Prozesse optimiert und personalisierte, zeitnahe Inhalte an Abonnenten liefert.

Verständnis für das E-Mail-Marketing

Wir beginnen mit einer Diskussion der Grundlagen des E-Mail-Marketings und seiner Vorteile. Das E-Mail-Marketing beinhaltet das Versenden von zielgerichteten Nachrichten an eine Abonnentenliste mit dem Ziel, Leads zu pflegen, Produkte oder Dienstleistungen zu bewerben, wertvollen Inhalt zu liefern oder spezifische Handlungen auszulösen. Wir erkunden die verschiedenen Arten von E-Mails, wie beispielsweise Newsletter, Werbe-E-Mails, Willkommenssequenzen und Erinnerungen an den abgebrochenen Warenkorb. Durch den Einsatz des E-Mail-Marketings können Unternehmen ihr Publikum direkt erreichen, regelmäßige Kommunikation aufrechterhalten und die Kundentreue fördern.

Aufbau einer qualitativ hochwertigen E-Mail-Liste

Eine qualitativ hochwertige E-Mail-Liste ist entscheidend für erfolgreiche E-Mail-Marketing-Kampagnen. Wir erkunden Strategien zum Aufbau einer engagierten und opt-in E-Mail-Abonnentenbasis. Unternehmen sollten Techniken wie das Anbieten von Lead Magnets, die Erstellung überzeugender Opt-in-Formulare, die Nutzung von Social-

Media-Promotionen und die Implementierung von Kundensegmentierung einsetzen. Durch den Fokus auf den Aufbau einer qualitativ hochwertigen E-Mail-Liste interessierter und relevanter Abonnenten können Unternehmen höhere Öffnungsraten, Klickraten und Konversionen erreichen.

Erstellung ansprechender E-Mail-Inhalte

Ansprechende E-Mail-Inhalte sind entscheidend, um die Aufmerksamkeit und das Interesse der Abonnenten zu gewinnen. Wir diskutieren Techniken zur Erstellung überzeugender Betreffzeilen, zur Verfassung personalisierter und relevanter E-Mail-Texte, zur Einbindung überzeugender Call-to-Action-Buttons und zur Verwendung von visuell ansprechenden Bildern oder Videos. Unternehmen sollten sich darauf konzentrieren, Wert, Relevanz und eine konsistente Markenstimme in ihren E-Mail-Inhalten zu liefern. Indem sie wertvolle Informationen, exklusive Angebote oder unterhaltsame Geschichten bereitstellen, können Unternehmen die Abonnenten engagieren und zu weiteren Interaktionen ermutigen.

E-Mail-Automatisierung und Segmentierung

Die Automatisierung hebt das E-Mail-Marketing auf die nächste Stufe, indem sie Unternehmen ermöglicht, personalisierte, zeitnahe Inhalte an Abonnenten basierend auf deren Verhalten, Vorlieben oder Handlungen zu liefern. Wir erkunden die Kraft der E-Mail-Automatisation und Segmentierung bei der Pflege von Leads und der Steigerung von Konversionen. Unternehmen können automatisierte Willkommens-E-Mails, Follow-up-Sequenzen, personalisierte Empfehlungen oder Reaktivierungskampagnen einrichten. Durch die Segmentierung von Abonnenten basierend auf demografischen Merkmalen, Interessen oder vergangenen Interaktionen können Unternehmen maßgeschneiderte Inhalte liefern, die auf einzelne Abonnenten zugeschnitten sind, was zu einer höheren Engagement- und Konversionsrate führt.

Optimierung der E-Mail-Zustellbarkeit und Öffnungsraten

Eine hohe E-Mail-Zustellbarkeit und Öffnungsraten sind entscheidend für den Erfolg von E-Mail-Marketing-Kampagnen. Wir diskutieren Strategien zur Optimierung der Zustellbarkeit, wie zum Beispiel die Pflege einer sauberen und aktualisierten Abonnentenliste, die Verwendung der Double-Opt-in-Methode, das Vermeiden von Spam-Auslöserwörtern und die Einhaltung bewährter E-Mail-Praktiken. Darüber hinaus erkunden wir Techniken zur Verbesserung der Öffnungsraten, wie Personalisierung, A/B-Tests von Betreffzeilen und Optimierung des Vorschautextes. Durch die Einhaltung bewährter Zustellbarkeitspraktiken und die Umsetzung von Strategien zur Steigerung der Öffnungsraten können Unternehmen die Effektivität ihrer E-Mail-Marketing-Bemühungen maximieren.

E-Mail-Analyse und Leistungsmessung

Die Messung der Leistung von E-Mail-Marketing ist entscheidend, um den Erfolg von Kampagnen zu bewerten und datengesteuerte Entscheidungen zu treffen. Wir diskutieren die Bedeutung von E-Mail-Analyse und das Tracking wichtiger Kennzahlen wie Öffnungsraten, Klickraten, Konversionsraten und Abmeldequoten. Durch die Analyse von Leistungsdaten können Unternehmen Einblicke in das Verhalten der Abonnenten gewinnen, Verbesserungsmöglichkeiten identifizieren und ihre E-Mail-Marketing-Strategien optimieren. Die kontinuierliche Überwachung und Analyse ermöglichen es Unternehmen, ihre Inhalte, Zielgruppenansprache und Automatisierung zu verbessern, um eine höhere Engagement- und Konversionsrate zu erzielen.

Durch die Integration von E-Mail-Marketing und Automatisierung in ihre Strategien können Unternehmen Leads effektiv pflegen, Kundenbindung fördern und Konversionen steigern. Der Aufbau einer qualitativ hochwertigen E-Mail-Liste, die Erstellung ansprechender Inhalte, die Nutzung von Automatisierung und Segmentierung, die Optimierung der Zustellbarkeit und Öffnungsraten sowie die Messung von Leistungskennzahlen tragen alle zu einer erfolgreichen E-Mail-Marketing-Strategie bei. E-Mail-Marketing und Automatisierung bieten Unternehmen einen direkten und personalisierten Kanal, um mit ihrem Publikum in Kontakt zu treten, Markenloyalität aufzubauen und ihre Marketingziele zu erreichen.

Gestaltung wirkungsvoller E-Mail-Kampagnen

In diesem Kapitel erkunden wir die Strategien und bewährten Praktiken für die Gestaltung wirkungsvoller E-Mail-Kampagnen, die Empfänger fesseln, Engagement fördern und gewünschte Ergebnisse liefern. Eine gut gestaltete E-Mail-Kampagne geht über den Inhalt hinaus und umfasst auch visuelle Attraktivität, klare Botschaften und effektive Handlungsaufforderungen. Durch die Umsetzung der folgenden Prinzipien können Unternehmen E-Mail-Kampagnen erstellen, die bei Abonnenten Anklang finden und ihre Marketingziele erreichen.

Einheitliches Branding und visuelle Identität

Einheitlichkeit im Branding ist entscheidend für die Schaffung einer kohärenten und unvergesslichen E-Mail-Kampagne. Unternehmen sollten sicherstellen, dass das E-Mail-Design ihre Markenidentität widerspiegelt, einschließlich Farbschemata, Logo-Platzierung und Typografie. Einheitliches Branding schafft Markenerkennung und stärkt das Vertrauen und die Vertrautheit der Abonnenten mit dem Unternehmen.

Design für mobile Geräte

Angesichts der Verbreitung von Mobilgeräten ist es wichtig, E-Mails zu gestalten, die für mobile Geräte optimiert sind. Unternehmen sollten ihr E-Mail-Layout für verschiedene Bildschirmgrößen optimieren, damit es responsiv ist und leicht aufgerufen werden kann. Dies umfasst die Verwendung eines einspaltigen Layouts, die Gewährleistung der Lesbarkeit von Text und Bildern sowie die Optimierung von Schaltflächengrößen für Touch-Interaktionen. Ein nahtloses mobiles Erlebnis stellt sicher, dass Abonnenten mit dem E-Mail-Inhalt interagieren können, unabhängig vom genutzten Gerät.

Überzeugende Betreffzeilen und Vorschautext

Betreffzeilen und Vorschautext sind die ersten Elemente, die Abonnenten sehen, wenn sie eine E-Mail erhalten. Die Erstellung überzeugender Betreffzeilen, die Aufmerksamkeit erregen und Neugierde wecken, ist entscheidend, um Empfänger dazu zu verleiten, die E-Mail zu öffnen. Darüber hinaus kann die Optimierung des Vorschautextes - einer kurzen Zusammenfassung oder Vorschau des E-Mail-Inhalts - zusätzlichen Kontext liefern und Öffnungen fördern. Eine klare und prägnante Botschaft in Betreffzeilen und Vorschautext legt den Grundstein für den Inhalt der E-Mail.

Ansprechender und relevanter Inhalt

Der Inhalt der E-Mail selbst sollte ansprechend, relevant und auf die Zielgruppe zugeschnitten sein. Unternehmen sollten sich darauf konzentrieren, wertvolle Informationen, personalisierte Empfehlungen, exklusive Angebote oder unterhaltsame Geschichten zu liefern, die auf die Abonnenten abgestimmt sind. Die Nutzung dynamischer Inhalte oder Personalisierungselemente basierend auf den Daten der Abonnenten kann die Relevanz und Effektivität des E-Mail-Inhalts weiter verbessern.

Klare Handlungsaufforderungen (CTAs)

Die Einbindung klarer und prominenter Handlungsaufforderungen(CTAs) ist entscheidend, um Empfänger zur gewünschten Aktion zu führen. CTAs sollten visuell hervorgehoben, überzeugend formuliert und auf das Ziel der E-Mail abgestimmt sein. Unternehmen sollten eine handlungsorientierte Sprache verwenden und CTAs strategisch in der E-Mail platzieren, um die Klickraten zu maximieren. Durch die Bereitstellung eines klaren Wegs für Abonnenten, um aktiv zu werden, können Unternehmen Konversionen fördern und ihre Kampagnenziele erreichen.

Auffällige visuelle Elemente

Visuelle Elemente wie Bilder oder Videos können die Wirkung einer E-Mail-Kampagne erheblich steigern. Unternehmen sollten auffällige visuelle Elemente verwenden, die dem Zweck der E-Mail entsprechen und die vermittelte Botschaft unterstützen. Hochwertige Bilder, überzeugende Grafiken oder ansprechende Videos können die Aufmerksamkeit der Abonnenten auf sich ziehen und sie dazu ermutigen, weiter zu lesen oder aktiv zu werden.

Tests und Optimierung

Tests und Optimierung sind entscheidend, um die Wirkung von E-Mail-Kampagnen zu maximieren. Unternehmen sollten A/B-Tests mit verschiedenen Elementen wie Betreffzeilen, CTAs oder E-Mail-Designs durchführen, um die wirksamsten Kombinationen zu identifizieren. Darüber hinaus ermöglicht die Analyse von Leistungskennzahlen wie Öffnungsraten, Klickraten und Konversionsraten Unternehmen, ihre Kampagnen zu optimieren und datengesteuerte Verbesserungen im Laufe der Zeit vorzunehmen.

Personalisierung und Segmentierung

Personalisierung und Segmentierung spielen eine wichtige Rolle bei der Gestaltung wirkungsvoller E-Mail-Kampagnen. Durch die Segmentierung von Abonnenten basierend auf demografischen Merkmalen, Präferenzen oder vergangenen Interaktionen können Unternehmen hochgradig zielgerichtete und personalisierte Inhalte liefern. Eine Anpassung der E-Mail-Botschaften und Angebote an bestimmte Segmente gewährleistet Relevanz und erhöht die Wahrscheinlichkeit von Engagement und Konversionen.

Durch die Umsetzung dieser Gestaltungsprinzipien können Unternehmen wirkungsvolle E-Mail-Kampagnen erstellen, die sich in den Posteingängen der Abonnenten abheben, Engagement fördern und die gewünschten Ergebnisse erzielen. Einheitliches Branding, Design für mobile Geräte, überzeugende Betreffzeilen und Vorschautext, ansprechender Inhalt, klare Handlungsaufforderungen, auffällige visuelle Elemente, Tests und Optimierung sowie Personalisierung und Segmentierung tragen alle zur Effektivität von E-Mail-Kampagnen bei und helfen Unternehmen, ihre Marketingziele zu erreichen.

Die Implementierung von Marketing-Automatisierungstools

In diesem Kapitel erkunden wir die Implementierung von Marketing-Automatisierungstools, um die Bemühungen im E-Mail-Marketing zu optimieren und zu erleichtern. Marketing-Automatisierung ermöglicht es Unternehmen, repetitive Aufgaben zu automatisieren, personalisierte Inhalte zu liefern und Leads im großen Maßstab zu pflegen. Durch die effektive Nutzung von Marketing-Automatisierungstools können Unternehmen Zeit sparen, die Effizienz steigern und zielgerichtete Botschaften liefern, die bei ihrem Publikum Anklang finden.

Die Auswahl der richtigen Marketing-Automatisierungsplattform

Der erste Schritt bei der Implementierung von Marketing-Automatisierung besteht darin, die richtige Plattform auszuwählen, die den Anforderungen des Unternehmens entspricht. Unternehmen sollten verschiedene Marketing-Automatisierungstools anhand von Funktionen, Skalierbarkeit, Benutzerfreundlichkeit, Integrationsfähigkeiten und Preisgestaltung bewerten. Es ist wichtig, eine Plattform zu wählen, die mit den Zielen der Organisation übereinstimmt und die erforderlichen Funktionen für die Marketing-Automatisierung von E-Mails bietet, wie z.B. Workflow-Automatisierung, Lead-Scoring, Segmentierung und Analytik.

Aufbau von Kundenreisen und Workflows

Marketing-Automatisierungsplattformen ermöglichen es Unternehmen, Kundenreisen und Workflows zu erstellen, die die automatische Zustellung von E-Mails basierend auf vordefinierten Auslösern, Aktionen oder Bedingungen ermöglichen. Unternehmen sollten die Kundenreise kartieren und Berührungspunkte identifizieren, an denen automatisierte E-Mails gesendet werden können, um Leads zu engagieren und zu pflegen. Workflows können Willkommenssequenzen, Erinnerungen an den abgebrochenen Warenkorb, Reaktivierungskampagnen oder personalisierte Inhalte basierend auf dem Verhalten oder den Interessen der Abonnenten umfassen.

Segmentierung und Personalisierung von E-Mail-Kampagnen

Segmentierung und Personalisierung sind entscheidende Komponenten erfolgreicher Marketing-Automatisierung. Unternehmen sollten die Segmentierungsfunktionen der Automatisierungsplattform nutzen, um Abonnenten basierend auf demografischen Merkmalen, Verhaltensweisen oder Interessen zu kategorisieren. Durch die Segmentierung der Zielgruppe können Unternehmen gezielte und personalisierte E-Mails senden, die auf spezifische Gruppen abgestimmt sind, was das Engagement und die Konversionsraten erhöht. Personalisierungselemente können verwendet werden, um abonnentenspezifische Informationen dynamisch in den E-Mail-Inhalt einzufügen und so eine maßgeschneiderte und relevante Erfahrung zu schaffen.

Lead-Scoring und Pflege

Marketing-Automatisierungstools bieten oft Funktionen zur Lead-Bewertung, bei denen Leads basierend auf ihrem Engagement und ihren Interaktionen Werte zugewiesen werden. Durch die Implementierung von Lead-Scoring können Unternehmen Leads identifizieren und priorisieren, die wahrscheinlicher zu Konversionen führen. Pflegekampagnen können eingerichtet werden, um automatisch zielgerichtete E-Mails an Leads in verschiedenen Stadien des Verkaufs-Trichters zu senden, indem ihnen relevante Inhalte zur Verfügung gestellt werden und sie bei der Konversion unterstützt werden.

Analyse und Optimierung der Kampagnenleistung

Marketing-Automatisierungsplattformen bieten umfangreiche Analyse- und Berichtsfunktionen, um die Leistung von E-Mail-Kampagnen zu verfolgen und zu messen. Unternehmen sollten regelmäßig wichtige Kennzahlen wie Öffnungsraten, Klickrate, Konversionsrate und generierten Umsatz analysieren. Durch das Gewinnen von Erkenntnissen über die Kampagnenleistung können Unternehmen Bereiche für

Verbesserungen identifizieren, datengesteuerte Entscheidungen treffen und ihre E-Mail-Marketingstrategien für bessere Ergebnisse optimieren.

Integration mit anderen Marketingkanälen

Marketing-Automatisierungsplattformen bieten oft Integrationsmöglichkeiten mit anderen Marketingkanälen und -tools. Unternehmen sollten Integrationsmöglichkeiten erkunden, um ihre gesamten Marketingaktivitäten zu verbessern. Durch die Integration mit Kundenbeziehungsmanagement- (CRM-)Systemen können Unternehmen Vertriebs- und Marketingaktivitäten nahtlos abstimmen. Integrationen mit Social-Media-Plattformen oder Landingpage-Erstellern können die Reichweite und Wirkung von E-Mail-Marketingkampagnen weiter erhöhen.

Kontinuierliches Lernen und Verbessern

Die Implementierung von Marketing-Automatisierungstools ist ein iterativer Prozess. Unternehmen sollten kontinuierlich aus Daten, Kundenfeedback und Markttrends lernen, um ihre Automatisierungsstrategien zu verbessern. Durch regelmäßiges Testen verschiedener Ansätze, die Analyse von Ergebnissen und Anpassungen basierend auf Erkenntnissen kann eine kontinuierliche Optimierung und Erfolg erzielt werden.

Durch die effektive Implementierung von Marketing-Automatisierungstools können Unternehmen E-Mail-Workflows automatisieren, Inhalte personalisieren, Leads pflegen und eine höhere Effizienz in ihren E-Mail-Marketingbemühungen erzielen. Die Auswahl der richtigen Plattform, der Aufbau von Kundenreisen, die Segmentierung und Personalisierung von Kampagnen, Lead-Scoring und -Pflege, die Analyse der Kampagnenleistung, die Integration mit anderen Kanälen und die kontinuierliche Verbesserung spielen alle eine entscheidende Rolle bei der Nutzung der Vorteile von Marketing-Automatisierung für den Erfolg im E-Mail-Marketing.

Die Gestaltung wirkungsvoller E-Mail-Kampagnen

In diesem Kapitel erkunden wir die Strategien und bewährten Methoden für die Gestaltung wirkungsvoller E-Mail-Kampagnen, die Empfänger fesseln, Engagement fördern und gewünschte Ergebnisse erzielen. Eine gut gestaltete E-Mail-Kampagne geht über den Inhalt hinaus und umfasst visuelle Attraktivität, klare Botschaften und effektive Handlungsaufforderungen. Durch die Umsetzung der folgenden Grundsätze können Unternehmen E-Mail-Kampagnen erstellen, die bei Abonnenten Anklang finden und ihre Marketingziele erreichen.

Einheitliches Branding und visuelle Identität

Einheitliches Branding ist entscheidend für eine kohärente und einprägsame E-Mail-Kampagne. Unternehmen sollten sicherstellen, dass das E-Mail-Design ihre Markenidentität widerspiegelt, einschließlich Farbschemata, Logo-Platzierung und Typografie. Einheitliches Branding fördert die Markenwiedererkennung und verstärkt das Vertrauen und die Vertrautheit, die Abonnenten mit dem Unternehmen haben.

Design für mobile Geräte

Angesichts der Verbreitung von mobilen Geräten ist es entscheidend, E-Mails für die mobile Nutzung zu optimieren. Unternehmen sollten ihre E-Mail-Layouts so gestalten, dass sie reaktionsfähig sind und auf verschiedenen Bildschirmgrößen problemlos zugänglich sind. Dazu gehören die Verwendung eines einspaltigen Layouts, die Lesbarkeit von Text und Bildern sowie die Optimierung der Größe von Schaltflächen für die Touch-Bedienung. Ein nahtloses mobiles Erlebnis stellt sicher, dass Abonnenten unabhängig von ihrem genutzten Gerät mit dem E-Mail-Inhalt interagieren können.

Packende Betreffzeilen und Vorschautext

Betreffzeilen und Vorschautext sind die ersten Elemente, die Abonnenten sehen, wenn sie eine E-Mail erhalten. Die Gestaltung packender Betreffzeilen, die Aufmerksamkeit erregen und Neugier wecken, ist entscheidend, um Empfänger dazu zu bringen, die E-Mail zu öffnen. Darüber hinaus kann die Optimierung des Vorschautextes - einer kurzen Zusammenfassung oder Vorschau des E-Mail-Inhalts - zusätzlichen Kontext bieten und zum Öffnen der E-Mail ermutigen. Eine klare und prägnante Kommunikation in Betreffzeilen und Vorschautext legt den Grundstein für den Inhalt der E-Mail.

Ansprechender und relevanter Inhalt

Der Inhalt der E-Mail selbst sollte ansprechend, relevant und auf die Zielgruppe zugeschnitten sein. Unternehmen sollten sich darauf konzentrieren, wertvolle Informationen, personalisierte Empfehlungen, exklusive Angebote oder unterhaltsame Geschichten bereitzustellen, die bei Abonnenten Anklang finden. Durch die Verwendung von dynamischem Inhalt oder Personalisierungselementen auf der Basis von Abonnentendaten kann die Relevanz und Effektivität des E-Mail-Inhalts weiter gesteigert werden.

Klare Handlungsaufforderungen (CTAs)

Die Einbindung klarer und prominenter Handlungsaufforderungen (CTAs) istentscheidend, um Empfänger zur gewünschten Aktion zu führen. CTAs sollten visuell hervorstechend, überzeugend und mit dem Ziel der E-Mail abgestimmt sein. Unternehmen sollten eine handlungsorientierte Sprache verwenden und CTAs strategisch innerhalb der E-Mail platzieren, um die Klickrate zu maximieren. Durch die Bereitstellung eines klaren Handlungspfads für Abonnenten können Unternehmen Konversionen fördern und ihre Kampagnenziele erreichen.

Beeindruckende visuelle Elemente

Visuelle Elemente wie Bilder oder Videos können die Wirkung einer E-Mail-Kampagne erheblich steigern. Unternehmen sollten beeindruckende visuelle Elemente nutzen, die dem Zweck der E-Mail entsprechen und die vermittelte Botschaft unterstützen. Hochwertige Bilder, überzeugende Grafiken oder ansprechende Videos können die Aufmerksamkeit der Abonnenten auf sich ziehen und sie dazu ermutigen, weiterzulesen oder zu handeln.

Tests und Optimierung

Tests und Optimierungen von E-Mail-Kampagnen sind entscheidend, um ihre Wirkung zu maximieren. Unternehmen sollten A/B-Tests für verschiedene Elemente wie Betreffzeilen, CTAs oder E-Mail-Designs durchführen, um die wirksamsten Kombinationen zu identifizieren. Darüber hinaus ermöglicht die Analyse von Leistungskennzahlen wie Öffnungsraten, Klickraten und Konversionsraten Unternehmen, ihre Kampagnen zu verbessern und datengesteuerte Verbesserungen im Laufe der Zeit vorzunehmen.

Indem diese Gestaltungsgrundsätze umgesetzt werden, können Unternehmen wirkungsvolle E-Mail-Kampagnen erstellen, die sich von anderen abheben, Engagement fördern und die gewünschten Ergebnisse erzielen. Einheitliches Branding, mobiles Design, packende Betreffzeilen und Vorschautext, ansprechender und relevanter Inhalt, klare Handlungsaufforderungen, beeindruckende visuelle Elemente, Tests und Optimierungen - all das trägt entscheidend zur Wirksamkeit von E-Mail-Kampagnen bei und hilft Unternehmen, ihre Marketingziele zu erreichen.

Personalisierung und Segmentierung

Personalisierung und Segmentierung spielen eine entscheidende Rolle bei der Gestaltung wirkungsvoller E-Mail-Kampagnen. Durch die Segmentierung von Abonnenten nach demografischen Merkmalen, Präferenzen oder vergangenen Interaktionen können Unternehmen hochgradig gezielte und personalisierte Inhalte bereitstellen. Durch die Anpassung der E-Mail-Botschaften und Angebote an spezifische Segmente wird Relevanz sichergestellt und die Wahrscheinlichkeit von Engagement und Konversionen erhöht.

Durch die Umsetzung dieser Gestaltungsgrundsätze können Unternehmen wirkungsvolle E-Mail-Kampagnen erstellen, die sich in den Postfächern der Abonnenten abheben, Engagement fördern und die gewünschten Ergebnisse liefern. Einheitliches Branding, mobiles Design, packende Betreffzeilen und Vorschautext, ansprechender Inhalt, klare Handlungsaufforderungen, ansprechende visuelle Elemente, Tests und

Optimierungen sowie Personalisierung und Segmentierung tragen alle zur Wirksamkeit von E-Mail-Kampagnen bei und helfen Unternehmen, ihre Marketingziele zu erreichen.

Implementierung von Marketing-Automatisierungstools

In diesem Kapitel beschäftigen wir uns mit der Implementierung von Marketing-Automatisierungstools, um die Bemühungen im E-Mail-Marketing zu optimieren und zu verbessern. Marketing-Automatisierung ermöglicht es Unternehmen, repetitive Aufgaben zu automatisieren, personalisierte Inhalte zu liefern und Leads in großem Maßstab zu pflegen. Indem Unternehmen Marketing-Automatisierungstools effektiv nutzen, können sie Zeit sparen, die Effizienz steigern und zielgerichtete Botschaften erstellen, die bei ihrer Zielgruppe Resonanz finden.

Auswahl der richtigen Marketing-Automatisierungsplattform

Der erste Schritt bei der Implementierung von Marketing-Automatisierung besteht darin, die richtige Plattform auszuwählen, die den Anforderungen des Unternehmens entspricht. Unternehmen sollten verschiedene Marketing-Automatisierungstools anhand von Funktionen, Skalierbarkeit, Benutzerfreundlichkeit, Integrationsmöglichkeiten und Preisgestaltung bewerten. Es ist wichtig, eine Plattform auszuwählen, die mit den Zielen der Organisation übereinstimmt und die erforderlichen Funktionen für die Automatisierung im E-Mail-Marketing bietet, wie z. B. Workflow-Automatisierung, Lead-Bewertung, Segmentierung und Analyse.

Aufbau von Kundenreisen und Workflows

Marketing-Automatisierungsplattformen ermöglichen es Unternehmen, Kundenreisen und Workflows aufzubauen, die die automatische Zustellung von E-Mails basierend auf vordefinierten Auslösern, Aktionen oder Bedingungen automatisieren. Unternehmen sollten die Kundenreise planen und Berührungspunkte identifizieren, an denen automatisierte E-Mails versendet werden können, um Leads zu aktivieren und zu pflegen. Workflows können beispielsweise Willkommenssequenzen, Erinnerungen an den abgebrochenen Warenkorb, Reaktivierungskampagnen oder personalisierte Inhalte basierend auf dem Verhalten oder den Interessen der Abonnenten umfassen.

Segmentierung und Personalisierung von E-Mail-Kampagnen

Segmentierung und Personalisierung sind wesentliche Bestandteile einer erfolgreichen Marketing-Automatisierung. Unternehmen sollten die Segmentierungsfunktionen der Automatisierungsplattform nutzen, um Abonnenten anhand von demografischen Merkmalen, Verhaltensweisen oder Interessen zu kategorisieren. Durch die Segmentierung der Zielgruppe können Unternehmen gezielte und personalisierte E-Mails versenden, die auf bestimmte Gruppen abgestimmt sind und das Engagement und die Konversionsraten erhöhen. Personalisierungstokens können verwendet werden, um abonnentenspezifische Informationen dynamisch in den E-Mail-Inhalt einzufügen und so eine maßgeschneiderte und relevante Erfahrung zu schaffen.

Lead-Bewertung und -Pflege

Marketing-Automatisierungstools bieten häufig Funktionen zur Lead-Bewertung, bei denen Leads anhand ihres Engagements und ihrer Interaktionen bewertet werden. Durch die Implementierung von Lead-Bewertung können Unternehmen Leads identifizieren und priorisieren, die wahrscheinlicher zu Konversionen führen. Pflegekampagnen können so eingerichtet werden, dass automatisch gezielte E-Mails an Leads in verschiedenen Stadien des Verkaufstrichters gesendet werden, um ihnen relevante Inhalte bereitzustellen und sie zur Konversion zu führen.

Analyse und Optimierung der Kampagnenleistung

Marketing-Automatisierungsplattformen bieten umfangreiche Analyse- und Berichtsfunktionen, um die Leistung von E-Mail-Kampagnen zu verfolgen und zu messen. Unternehmen sollten regelmäßig wichtige Kennzahlen wie Öffnungsraten, Klickraten, Konversionsraten und generierten Umsatz analysieren. Durch das Gewinnen von Erkenntnissen aus der Kampagnenleistung können Unternehmen Bereiche zur Verbesserung identifizieren, datengesteuerte Entscheidungen treffen und ihre E-Mail-Marketingstrategien für bessere Ergebnisse optimieren.

Integration mit anderen Marketingkanälen

Marketing-Automatisierungsplattformen bieten oft Integrationsmöglichkeiten mit anderen Marketingkanälen und -werkzeugen. Unternehmen sollten Integrationsmöglichkeiten erkunden, um ihre gesamten Marketingbemühungen zu verbessern. Zum Beispiel ermöglicht die Integration mit Customer-Relationship-Management (CRM)-Systemen eine nahtlose Abstimmung von Vertriebs- und Marketingaktivitäten. Integrationen mit Social-Media-Plattformen oder Landingpage-Erstellern können die Reichweite und den Einfluss von E-Mail-Marketing-Kampagnen weiter erhöhen.

Kontinuierliches Lernen und Verbessern

Die Implementierung von Marketing-Automatisierungstools ist ein iterativer Prozess. Unternehmen sollten kontinuierlich aus Daten, Kundenfeedback und Markttrends lernen, um ihre Automatisierungsstrategien zu verbessern. Regelmäßiges Testen verschiedener Ansätze, Analyse von Ergebnissen und Anpassungen basierend auf Erkenntnissen tragen zur fortlaufenden Optimierung und zum Erfolg bei.

Durch eine effektive Implementierung von Marketing-Automatisierungstools können Unternehmen E-Mail-Workflows automatisieren, personalisierte Inhalte bereitstellen, Leads pflegen und ihre E-Mail-Marketingbemühungen effizienter gestalten. Die Auswahl der richtigen Plattform, der Aufbau von Kundenreisen, die Segmentierung und Personalisierung von Kampagnen, die Lead-Bewertung und -Pflege, die Analyse der Kampagnenleistung, die Integration mit anderen Kanälen und die kontinuierliche Verbesserung spielen alle eine entscheidende Rolle bei der Nutzung der Vorteile der Marketing-Automatisierung für den Erfolg des E-Mail-Marketings.

Kontinuierliches Lernen und Verbesserung

Die Implementierung von Marketing-Automatisierungstools ist ein iterativer Prozess. Unternehmen sollten kontinuierlich aus Daten, Kundenfeedback und Markttrends lernen, um ihre Automatisierungsstrategien zu verbessern. Regelmäßiges Testen verschiedener Ansätze, Analyse von Ergebnissen und Anpassungen basierend auf Erkenntnissen tragen zur fortlaufenden Optimierung und zum Erfolg bei.

Durch eine effektive Implementierung von Marketing-Automatisierungstools können Unternehmen E-Mail-Workflows automatisieren, Inhalte personalisieren, Leads pflegen und eine höhere Effizienz in ihren E-Mail-Marketingbemühungen erreichen. Die Auswahl der richtlgen Plattform, der Aufbau von Kundenreisen, die Segmentierung und Personalisierung von Kampagnen, die Lead-Bewertung und -Pflege, die Analyse der Kampagnenleistung, die Integration mit anderen Kanälen und die kontinuierliche Verbesserung spielen alle eine entscheidende Rolle, um die Vorteile der Marketing-Automatisierung für den Erfolg im E-Mail-Marketing zu nutzen.

Gestaltung wirkungsvoller E-Mail-Kampagnen

In diesem Kapitel erforschen wir die Strategien und bewährten Verfahren zur Gestaltung wirkungsvoller E-Mail-Kampagnen, die Empfänger fesseln, Engagement fördern und gewünschte Ergebnisse liefern. Eine gut gestaltete E-Mail-Kampagne geht über den Inhalt hinaus und umfasst visuelle Attraktivität, klare Botschaften und wirksame Handlungsaufforderungen. Durch die Umsetzung der folgenden Grundsätze können Unternehmen E-Mail-Kampagnen erstellen, die bei Abonnenten Resonanz finden und ihre Marketingziele erreichen.

Konsistente Markenführung und visuelle Identität

Konsistenz in der Markenführung ist entscheidend für die Schaffung einer einheitlichen und unvergesslichen E-Mail-Kampagne. Unternehmen sollten sicherstellen, dass das E-Mail-Design ihre Markenidentität widerspiegelt, einschließlich Farbschemata, Platzierung des Logos und Typografie. Eine konsistente Markenführung trägt zur Markenwiedererkennung bei und verstärkt das Vertrauen und die Vertrautheit, die Abonnenten mit dem Unternehmen haben.

Design für mobile Geräte

Angesichts der Verbreitung von mobilen Geräten ist es entscheidend, E-Mails zu gestalten, die für mobile Geräte geeignet sind. Unternehmen sollten ihre E-Mail-Layouts optimieren, damit sie auf verschiedenen Bildschirmgrößen reaktionsschnell und leicht zugänglich sind. Dazu gehört die Verwendung eines einspaltigen Layouts, die Gewährleistung der Lesbarkeit von Text und Bildern sowie die Optimierung der Button-Größen für Touch-Interaktionen. Eine nahtlose mobile Erfahrung stellt sicher, dass Abonnenten mit dem E-Mail-Inhalt interagieren können, unabhängig von dem Gerät, das sie verwenden.

Betreffzeilen und Vorschautexte sind die ersten Elemente, die Abonnenten sehen, wenn sie eine E-Mail erhalten. Die Gestaltung überzeugender Betreffzeilenund Vorschautexte ist entscheidend, um die Aufmerksamkeit zu erregen und Neugierde zu wecken, damit Empfänger die E-Mail öffnen. Darüber hinaus kann die Optimierung des Vorschautextes - einer kurzen Zusammenfassung oder Vorschau des E-Mail-Inhalts - zusätzlichen Kontext bieten und Öffnungen fördern. Eine klare und prägnante Botschaft in Betreffzeilen und Vorschautexten bildet die Grundlage für den Inhalt der E-Mail.

Ansprechender und relevanter Inhalt

Der Inhalt der E-Mail selbst sollte ansprechend, relevant und auf die Zielgruppe zugeschnitten sein. Unternehmen sollten sich darauf konzentrieren, wertvolle Informationen, personalisierte Empfehlungen, exklusive Angebote oder unterhaltsame Geschichten zu liefern, die bei den Abonnenten Resonanz finden. Durch die Verwendung von dynamischem Inhalt oder Personalisierungs-Tokens auf der Grundlage von Abonnentendaten kann die Relevanz und Effektivität des E-Mail-Inhalts weiter gesteigert werden.

Klare Handlungsaufforderungen (CTAs)

Die Einbindung klarer und deutlicher Handlungsaufforderungen (CTAs) ist entscheidend, um Empfänger zur gewünschten Aktion zu führen. CTAs sollten visuell hervorstechend, überzeugend und mit dem Ziel der E-Mail abgestimmt sein. Unternehmen sollten handlungsorientierte Sprache verwenden und CTAs strategisch in der E-Mail positionieren, um die Klickrate zu maximieren. Indem Unternehmen einen klaren Weg für Abonnenten bieten, um aktiv zu werden, können sie Konversionen erzielen und ihre Kampagnenziele erreichen.

Eye-Catching Visuals

Visuelle Elemente wie Bilder oder Videos können die Wirkung einer E-Mail-Kampagne erheblich steigern. Unternehmen sollten aufsehenerregende visuelle Elemente verwenden, die dem Zweck der E-Mail entsprechen und die vermittelte Botschaft unterstützen. Hochwertige Bilder, überzeugende Grafiken oder ansprechende Videos können die Aufmerksamkeit der Abonnenten erregen und sie dazu ermutigen, weiterzulesen oder aktiv zu werden.

Testing und Optimierung

Das Testen und Optimieren von E-Mail-Kampagnen ist entscheidend, um ihre Wirkung zu maximieren. Unternehmen sollten A/B-Tests mit verschiedenen Elementen wie Betreffzeilen, CTAs oder E-Mail-Designs durchführen, um die effektivsten Kombinationen zu identifizieren. Darüber hinaus ermöglicht die Analyse von Leistungskennzahlen wie Öffnungsraten, Klickraten und Konversionsraten Unternehmen, ihre Kampagnen zu verfeinern und datengesteuerte Verbesserungen im Laufe der Zeit vorzunehmen.

Durch die Implementierung dieser Gestaltungsgrundsätze können Unternehmen wirkungsvolle E-Mail-Kampagnen erstellen, die sich in den Posteingängen der Abonnenten abheben, Engagement fördern und die gewünschten Ergebnisse liefern. Konsistente Markenführung, ein mobilfreundliches Design, überzeugende Betreffzeilen und Vorschautexte, ansprechender Inhalt, klare Handlungsaufforderungen (CTAs), eye-catching Visuals, Testing undOptimierung sowie Personalisierung und Segmentierung tragen alle dazu bei, dass E-Mail-Kampagnen effektiv sind und Unternehmen ihre Marketingziele erreichen.

Auffällige visuelle Elemente

Visuelle Elemente wie Bilder oder Videos können die Wirkung einer E-Mail-Kampagne erheblich steigern. Unternehmen sollten auffällige visuelle Elemente verwenden, die dem Zweck der E-Mail entsprechen und die vermittelte Botschaft unterstützen. Hochwertige Bilder, überzeugende Grafiken oder ansprechende Videos können die Aufmerksamkeit der Abonnenten erregen und sie dazu ermutigen, weiterzulesen oder aktiv zu werden.

Testen und Optimieren

Das Testen und Optimieren von E-Mail-Kampagnen ist entscheidend, um ihre Wirkung zu maximieren. Unternehmen sollten A/B-Tests mit verschiedenen Elementen wie Betreffzeilen, Handlungsaufforderungen (CTAs) oder E-Mail-Designs durchführen, um die effektivsten Kombinationen zu identifizieren. Darüber hinaus ermöglicht die Analyse von Leistungskennzahlen wie Öffnungsraten, Klickraten und Konversionsraten Unternehmen, ihre Kampagnen zu verfeinern und datengesteuerte Verbesserungen im Laufe der Zeit vorzunehmen.

Personalisierung und Segmentierung

Personalisierung und Segmentierung spielen eine entscheidende Rolle bei der Gestaltung wirkungsvoller E-Mail-Kampagnen. Indem Abonnenten anhand von demografischen Merkmalen, Präferenzen oder vergangenen Interaktionen segmentiert werden, können Unternehmen hochzielgerichtete und personalisierte Inhalte bereitstellen. Die Anpassung der E-Mail-Botschaften und Angebote an spezifische Segmente gewährleistet Relevanz und erhöht die Wahrscheinlichkeit von Engagement und Konversionen.

Durch die Umsetzung dieser Gestaltungsprinzipien können Unternehmen wirkungsvolle E-Mail-Kampagnen erstellen, die sich in den Posteingängen der Abonnenten hervorheben, Engagement fördern und die gewünschten Ergebnisse liefern. Konsistente Markenführung, mobiles Design, überzeugende Betreffzeilen und Vorschautexte, ansprechender Inhalt, klare Handlungsaufforderungen (CTAs), auffällige visuelle Elemente, Tests und Optimierung sowie Personalisierung und Segmentierung tragen alle zur Effektivität von E-Mail-Kampagnen bei und helfen Unternehmen, ihre Marketingziele zu erreichen.

Implementierung von Marketing-Automatisierungstools

In diesem Kapitel erkunden wir die Implementierung von Marketing-Automatisierungstools zur Optimierung und Verbesserung der E-Mail-Marketingaktivitäten. Marketing-Automatisierung ermöglicht es Unternehmen, repetitive Aufgaben zu automatisieren, personalisierte Inhalte bereitzustellen und Leads im großen Maßstab zu pflegen. Durch den effektiven Einsatz von Marketing-Automatisierungstools können Unternehmen Zeit sparen, die Effizienz verbessern und zielgerichtete Botschaften liefern, die bei ihrem Publikum Anklang finden.

Auswahl der richtigen Marketing-Automatisierungsplattform

Der erste Schritt bei der Implementierung von Marketing-Automatisierung besteht darin, die richtige Plattform auszuwählen, die den Anforderungen des Unternehmens entspricht. Unternehmen sollten verschiedene Marketing-Automatisierungstools anhand von Funktionen, Skalierbarkeit, Benutzerfreundlichkeit, Integrationsmöglichkeiten und Preisgestaltung evaluieren. Es ist wichtig, eine Plattform auszuwählen, die den Zielen der Organisation entspricht und die erforderlichen Funktionen für die automatisierte E-Mail-Marketing bietet, wie beispielsweise Workflow-Automatisierung, Lead-Bewertung, Segmentierung und Analytik.

Aufbau von Kundenerlebnissen und Workflows

Marketing-Automatisierungsplattformen ermöglichen es Unternehmen, Kundenerlebnisse und Workflows aufzubauen, die die automatisierte Bereitstellung von E-Mails basierend auf vordefinierten Auslösern, Aktionen oder Bedingungen ermöglichen. Unternehmen sollten die Kundenerlebnisse planen und Berührungspunkte identifizieren, an denen automatisierte E-Mails gesendet werden können, um Leads zu gewinnen und zu pflegen. Die Workflows können Willkommenssequenzen, Erinnerungen an den abgebrochenen Warenkorb, Re-Engagement-Kampagnen oder personalisierte Inhalte basierend auf dem Verhalten oder den Interessen der Abonnenten umfassen.

Segmentierung und Personalisierung vonE-Mail-Kampagnen

Segmentierung und Personalisierung sind entscheidende Komponenten für erfolgreiche Marketing-Automatisierung. Unternehmen sollten die Segmentierungsfunktionen der Automatisierungsplattform nutzen, um Abonnenten anhand von demografischen Merkmalen, Verhaltensweisen oder Interessen zu kategorisieren. Durch die Segmentierung des Publikums können Unternehmen gezielte und personalisierte E-Mails senden, die bei bestimmten Gruppen Resonanz erzeugen und das Engagement und die Konversionsraten erhöhen. Personalisierungstokens können verwendet werden, um abonnentenspezifische Informationen dynamisch in den E-Mail-Inhalt einzufügen und so ein maßgeschneidertes und relevantes Erlebnis zu schaffen.

Lead-Bewertung und Lead-Nurturing

Marketing-Automatisierungstools bieten häufig Funktionen zur Lead-Bewertung, bei der den Leads anhand ihres Engagements und ihrer Interaktionen Werte zugewiesen werden. Durch die Implementierung der Lead-Bewertung können Unternehmen Leads identifizieren und priorisieren, die wahrscheinlich zu Konversionen führen. Nurturing-Kampagnen können eingerichtet werden, um automatisch gezielte E-Mails an Leads in verschiedenen Stadien des Verkaufstrichters zu senden, indem ihnen relevante Inhalte bereitgestellt und sie zur Konversion geführt werden.

Analyse und Optimierung der Kampagnenleistung

Marketing-Automatisierungsplattformen bieten umfangreiche Analyse- und Reporting-Funktionen, um die Leistung von E-Mail-Kampagnen zu verfolgen und zu messen. Unternehmen sollten regelmäßig wichtige Kennzahlen wie Öffnungsraten, Klickraten, Konversionsraten und generierten Umsatz analysieren. Durch das Gewinnen von Erkenntnissen über die Kampagnenleistung können Unternehmen Bereiche zur Verbesserung identifizieren, datengesteuerte Entscheidungen treffen und ihre E-Mail-Marketingstrategien für bessere Ergebnisse optimieren.

Integration mit anderen Marketingkanälen

Marketing-Automatisierungsplattformen bieten oft Integrationsmöglichkeiten mit anderen Marketingkanälen und -werkzeugen. Unternehmen sollten Integrationsmöglichkeiten erkunden, um ihre gesamten Marketingaktivitäten zu verbessern. Durch die Integration mit Kundenbeziehungsmanagement (CRM)-Systemen können Unternehmen Vertriebs- und Marketingaktivitäten nahtlos abstimmen. Integrationen mit Social-Media-Plattformen oder Landingpage-Erstellern können die Reichweite und Wirkung von E-Mail-Marketingkampagnen weiter erhöhen.

Kontinuierliches Lernen und Verbessern

Die Implementierung von Marketing-Automatisierungstools ist ein iterativer Prozess. Unternehmen sollten kontinuierlich aus Daten, Kundenfeedback und Markttrends lernen, um ihre Automatisierungsstrategien zu verbessern. Durch regelmäßige Tests verschiedener Ansätze, die Analyse von Ergebnissen und Anpassungen basierend auf Erkenntnissen tragen Unternehmen zur fortlaufenden Optimierung und zum Erfolg bei.

Durch die effektive Implementierung von Marketing-Automatisierungstools können Unternehmen E-Mail-Workflows automatisieren, Inhalte personalisieren, Leads pflegen und eine höhere Effizienz in ihren E-Mail-Marketingbemühungen erreichen. Die Auswahl der richtigen Plattform, der Aufbau von Kundenerlebnissen, die Segmentierung und Personalisierung von Kampagnen, die Lead-Bewertung und das Lead-Nurturing, die Analyse der Kampagnenleistung, die Integration mit anderen Kanälen sowie das kontinuierliche Lernen und Verbessern spielen alle eine entscheidende Rolle bei der Nutzung der Möglichkeiten der Marketing-Automatisierung für den Erfolg im E-Mail-Marketing.

Gestaltung wirkungsvoller E-Mail-Kampagnen

In diesem Kapitel erkunden wir die Strategien und bewährten Verfahren zur Gestaltung wirkungsvoller E-Mail-Kampagnen, die Empfänger fesseln, Engagement fördern und die gewünschten Ergebnisse liefern. Eine gut gestaltete E-Mail-Kampagne geht über den Inhalt hinaus – sie umfasst visuelle Attraktivität, klare Botschaften und effektive Handlungsaufforderungen. Durch die Umsetzung der folgenden Prinzipien können Unternehmen E-Mail-Kampagnen erstellen, die bei Abonnenten Anklang finden und ihre Marketingziele erreichen.

Konsistente Markenführung und visuelle Identität

Konsistenz in der Markenführung ist entscheidend für die Schaffung einer kohärenten und einprägsamen E-Mail-Kampagne. Unternehmen sollten sicherstellen, dass das E-Mail-Design ihre Markenidentität widerspiegelt, einschließlich Farbschemata, Platzierung des Logos und Typografie. Eine konsistente Markenführung fördert die Markenbekanntheit und verstärkt das Vertrauen und die Vertrautheit der Abonnenten mit dem Unternehmen.

Design für mobile Geräte

Angesichts der Verbreitung mobiler Geräte ist es entscheidend, E-Mails für die mobile Nutzung zu gestalten. Unternehmen sollten ihre E-

Mail-Layouts für verschiedene Bildschirmgrößen optimieren. Dazu gehört die Verwendung eines einspaltigen Layouts, die Sicherstellung der Lesbarkeit von Text und Bildern sowie die Optimierung der Größe von Schaltflächen für Touch-Interaktionen. Ein nahtloses mobiles Erlebnis stellt sicher, dass Abonnenten den E-Mail-Inhalt unabhängig vom genutzten Gerät problemlos nutzen können.

Überzeugende Betreffzeilen und Vorschautexte

Betreffzeilen und Vorschautexte sind die ersten Elemente, die Abonnenten sehen, wenn sie eine E-Mail erhalten. Die Gestaltung überzeugender Betreffzeilen, die Aufmerksamkeit erregen und Neugier wecken, ist entscheidend, um Empfänger dazu zu bringen, die E-Mail zu öffnen. Zusätzlich kann die Optimierung des Vorschautextes – einer kurzen Zusammenfassung oder Vorschau des E-Mail-Inhalts – zusätzlichen Kontext bieten und das Öffnen fördern. Eine klare und prägnante Botschaft in Betreffzeilen und Vorschautexten bildet die Grundlage für den Inhalt der E-Mail.

Ansprechender und relevanter Inhalt

Der Inhalt der E-Mail selbst sollte ansprechend, relevant und auf die Zielgruppe zugeschnitten sein. Unternehmen sollten sich darauf konzentrieren, wertvolle Informationen, personalisierte Empfehlungen, exklusive Angebote oder unterhaltsame Geschichten zu liefern, die bei den Abonnenten Anklang finden. Durch den Einsatz von dynamischem Inhalt oder Personalisierungstokens basierend auf Abonnentendaten kann die Relevanz und Wirksamkeit des E-Mail-Inhalts weiter gesteigert werden.

Klare Handlungsaufforderungen (CTAs)

Klare und deutliche Handlungsaufforderungen (CTAs) sind entscheidend, um Empfänger zur gewünschten Aktion zu führen. CTAs sollten visuell hervorstechen, überzeugend sein und das Ziel der E-Mail unterstützen. Unternehmen sollten handlungsorientierte Sprache verwenden und CTAs strategisch in der E-Mail platzieren, um die Klickrate zu maximieren. Indem Unternehmen einen klaren Weg für Abonnenten zur Handlung bieten, können sie Konversionen fördern und ihre Kampagnenziele erreichen.

Auffällige visuelle Elemente

Visuelle Elemente wie Bilder oder Videos können die Wirkung einer E-Mail-Kampagne erheblich steigern. Unternehmen sollten auffällige visuelle Elemente verwenden, die dem Zweck der E-Mail entsprechen und die vermittelte Botschaft unterstützen. Hochwertige Bilder, überzeugende Grafiken oder ansprechende Videos können die Aufmerksamkeit der Abonnenten erregen und sie dazu ermutigen, weiter zu lesen oder aktiv zu werden.

Tests und Optimierung

Tests und Optimierung von E-Mail-Kampagnen sind entscheidend, um ihre Wirkung zu maximieren. Unternehmen sollten A/B-Tests mit verschiedenen Elementen wie Betreffzeilen, CTAs oder E-Mail-Designs durchführen, um die effektivsten Kombinationen zu identifizieren. Darüber hinaus ermöglicht die Analyse von Leistungskennzahlen wie Öffnungsraten, Klickraten und Konversionsraten Unternehmen, ihre Kampagnen zu verbessern und datengesteuerte Verbesserungen im Laufe der Zeit vorzunehmen.

Durch die Umsetzung dieser Gestaltungsprinzipien können Unternehmen wirkungsvolle E-Mail-Kampagnen erstellen, die sich in den Posteingängen der Abonnenten hervorheben, Engagement fördern und die gewünschten Ergebnisse liefern. Konsistente Markenführung, mobiles Design, überzeugende Betreffzeilen und Vorschautexte, ansprechender Inhalt, klare Handlungsaufforderungen (CTAs), auffällige visuelle Elemente, Tests und Optimierung sowie Personalisierung und Segmentierung tragen alle zur Effektivität von E-Mail-Kampagnen bei und helfen Unternehmen, ihre Marketingziele zu erreichen.

Implementierung von Marketing-Automatisierungstools

In diesem Kapitel erkunden wir die Implementierung von Marketing-Automatisierungstools, um die E-Mail-Marketingaktivitäten zu optimieren und zu verbessern. Marketing-Automatisierung ermöglicht es Unternehmen, repetitive Aufgaben zu automatisieren, personalisierte Inhalte bereitzustellen und Leads im großen Maßstab zu pflegen. Durch den effektiven Einsatz von Marketing-Automatisierungstools können Unternehmen Zeit sparen, die Effizienz verbessern und gezielte Botschaften liefern, die bei ihrem Publikum Anklang finden.

Auswahl der richtigen Marketing-Automatisierungsplattform

Der erste Schritt bei derImplementierung von Marketing-Automatisierung besteht darin, die richtige Plattform auszuwählen, die den Bedürfnissen des Unternehmens entspricht. Unternehmen sollten verschiedene Marketing-Automatisierungstools anhand von Funktionen, Skalierbarkeit, Benutzerfreundlichkeit, Integrationsmöglichkeiten und Preisgestaltung bewerten. Es ist wichtig, eine Plattform zu wählen, die mit den Zielen der Organisation übereinstimmt und die erforderlichen Funktionen für die automatisierte E-Mail-Marketing bietet, wie z. B. Workflow-Automatisierung, Lead-Bewertung, Segmentierung und Analytik.

Aufbau von Kundenerlebnissen und Workflows

Marketing-Automatisierungsplattformen ermöglichen es Unternehmen, Kundenerlebnisse und Workflows aufzubauen, die die automatisierte Bereitstellung von E-Mails basierend auf vordefinierten Auslösern, Aktionen oder Bedingungen ermöglichen. Unternehmen sollten den Kundenerlebnisweg planen und Berührungspunkte identifizieren, an denen automatisierte E-Mails gesendet werden können, um Leads zu gewinnen und zu pflegen. Die Workflows können Willkommenssequenzen, Erinnerungen an den abgebrochenen Warenkorb, Re-Engagement-Kampagnen oder personalisierte Inhalte basierend auf dem Verhalten oder den Interessen der Abonnenten umfassen.

Segmentierung und Personalisierung von E-Mail-Kampagnen

Segmentierung und Personalisierung sind entscheidende Komponenten für erfolgreiche Marketing-Automatisierung. Unternehmen sollten die Segmentierungsfunktionen der Automatisierungsplattform nutzen, um Abonnenten anhand von demografischen Merkmalen, Verhaltensweisen oder Interessen zu kategorisieren. Durch die Segmentierung des Publikums können Unternehmen gezielte und personalisierte E-Mails senden, die bei bestimmten Gruppen Resonanz erzeugen und das Engagement und die Konversionsraten erhöhen. Personalisierungstokens können verwendet werden, um abonnentenspezifische Informationen dynamisch in den E-Mail-Inhalt einzufügen und so ein maßgeschneidertes und relevantes Erlebnis zu schaffen.

Lead-Bewertung und Lead-Nurturing

Marketing-Automatisierungstools bieten häufig Funktionen zur Lead-Bewertung, bei der den Leads anhand ihres Engagements und ihrer Interaktionen Werte zugewiesen werden. Durch die Implementierung der Lead-Bewertung können Unternehmen Leads identifizieren und priorisieren, die wahrscheinlich zu Konversionen führen. Nurturing-Kampagnen können eingerichtet werden, um automatisch gezielte E-Mails an Leads in verschiedenen Stadien des Verkaufstrichters zu senden, indem ihnen relevante Inhalte bereitgestellt und sie zur Konversion geführt werden.

Analyse und Optimierung der Kampagnenleistung

Marketing-Automatisierungsplattformen bieten umfangreiche Analyse- und Reporting-Funktionen, um die Leistung von E-Mail-Kampagnen zu verfolgen und zu messen. Unternehmen sollten regelmäßig wichtige Kennzahlen wie Öffnungsraten, Klickraten, Konversionsraten und generierten Umsatz analysieren. Durch das Gewinnen von Erkenntnissen über die Kampagnenleistung können Unternehmen Bereiche zur

Verbesserung identifizieren, datengesteuerte Entscheidungen treffen und ihre E-Mail-Marketingstrategien für bessere Ergebnisse optimieren.

Integration mit anderen Marketingkanälen

Marketing-Automatisierungsplattformen bieten oft Integrationsmöglichkeiten mit anderen Marketingkanälen und -werkzeugen. Unternehmen sollten Integrationsmöglichkeiten erkunden, um ihre gesamten Marketingaktivitäten zu verbessern. Durch die Integration mit Customer Relationship Management (CRM)-Systemen können Unternehmen Vertriebs- und Marketingaktivitäten nahtlos abstimmen. Integrationen mit Social-Media-Plattformen oder Landingpage-Erstellern können die Reichweite und Wirkung von E-Mail-Marketingkampagnen weiter erhöhen.

Kontinuierliches Lernen und Verbessern

Die Implementierung von Marketing-Automatisierungstools ist ein iterativer Prozess. Unternehmen sollten kontinuierlich aus Daten, Kundenfeedback und Markttrends lernen, um ihre Automatisierungsstrategien zu verbessern. Durch regelmäßige Tests verschiedener Ansätze, die Analyse von Ergebnissen und Anpassungen basierend auf Erkenntnissen tragen Unternehmen zur fortlaufenden Optimierung und zum Erfolg bei.

Durch die effektive Implementierung von Marketing-Automatisierungstools können Unternehmen E-Mail-Workflows automatisieren, Inhalte personalisieren, Leads pflegen und eine höhere Effizienz in ihren E-Mail-Marketingbemühungen erreichen. Die Auswahl der richtigen Plattform, der Aufbau von Kundenerlebnissen, die Segmentierung und Personalisierung von Kampagnen, die Lead-Bewertung und das Lead-Nurturing, die Analyse der Kampagnenleistung, die Integration mit anderen Kanälen sowie das kontinuierliche Lernen und Verbessern spielen alle eine entscheidende Rolle bei der Nutzung der Möglichkeiten der Marketing-Automatisierung für den Erfolg im E-Mail-Marketing.

Analyse und Optimierung der Kampagnenleistung

Marketing-Automatisierungsplattformen bieten umfangreiche Analyse- und Berichtsfunktionen, um die Leistung von E-Mail-Kampagnen zu verfolgen und zu messen. Unternehmen sollten regelmäßig wichtige Kennzahlen wie Öffnungsraten, Klickraten, Konversionsraten und generierten Umsatz analysieren. Durch das Gewinnen von Erkenntnissen über die Kampagnenleistung können Unternehmen Bereiche zur Verbesserung identifizieren, datengesteuerte Entscheidungen treffen und ihre E-Mail-Marketingstrategien für bessere Ergebnisse optimieren.

Integration mit anderen Marketingkanälen

Marketing-Automatisierungsplattformen bieten oft Integrationsmöglichkeiten mit anderen Marketingkanälen und -werkzeugen. Unternehmen sollten Integrationsmöglichkeiten erkunden, um ihre gesamten Marketingbemühungen zu verbessern. Durch die Integration mit Kundenbeziehungsmanagement (Customer Relationship Management, CRM)-Systemen können Unternehmen Vertriebs- und Marketingaktivitäten nahtlos abstimmen. Integrationen mit Social-Media-Plattformen oder Landingpage-Erstellern können die Reichweite und den Einfluss von E-Mail-Marketingkampagnen weiter erhöhen.

Kontinuierliches Lernen und Verbessern

Die Implementierung von Marketing-Automatisierungstools ist ein iterativer Prozess. Unternehmen sollten kontinuierlich aus Daten, Kundenfeedback und Markttrends lernen, um ihre Automatisierungsstrategien zu verbessern. Regelmäßige Tests unterschiedlicher Ansätze, die Analyse von Ergebnissen und Anpassungen basierend auf Erkenntnissen tragen zur kontinuierlichen Optimierung und zum Erfolg bei.

Durch die effektive Implementierung von Marketing-Automatisierungstools können Unternehmen E-Mail-Workflows automatisieren, Inhalte personalisieren, Leads pflegen und eine höhere Effizienz in ihren E-Mail-Marketingbemühungen erreichen. Die Auswahl der richtigen Plattform, der Aufbau von Kundenerlebnissen, die Segmentierung und Personalisierung von Kampagnen, die Lead-Bewertung und das Lead-Nurturing, die Analyse der Kampagnenleistung, die Integration mit anderen Kanälen und die kontinuierliche Verbesserung spielen alle eine entscheidende Rolle bei der Nutzung der Möglichkeiten der Marketing-Automatisierung für den Erfolg im E-Mail-Marketing.

Personalisierungs- und Segmentierungsstrategien für E-Mail-Marketing

In diesem Kapitel gehen wir auf die Bedeutung von Personalisierung und Segmentierung im E-Mail-Marketing ein und erkunden Strategien, um sie effektiv umzusetzen. Personalisierung und Segmentierung ermöglichen es Unternehmen, zielgerichtete und relevante Inhalte an Abonnenten zu liefern, was zu einer höheren Engagement, einer erhöhten Konversionsrate und einer stärkeren Kundenbindung führt.

Verständnis der Personalisierung im E-Mail-Marketing

Personalisierung beinhaltet die Anpassung des E-Mail-Inhalts an individuelle Abonnenten basierend auf ihren Vorlieben, Verhaltensweisen und demografischen Merkmalen. Es geht über die einfache Ansprache des Empfängers mit seinem Namen hinaus und umfasst die Anpasssung des Inhalts der E-Mail, Angebote, Empfehlungen und sogar den Versandzeitpunkt. Personalisierung schafft ein persönlicheres und relevanteres Erlebnis für die Abonnenten, lässt sie sich wertgeschätzt fühlen und steigert ihr Engagement mit der E-Mail.

Segmentierung für zielgerichtete Kommunikation

Segmentierung beinhaltet die Aufteilung des E-Mail-Verteilers in verschiedene Segmente basierend auf bestimmten Kriterien wie demografischen Merkmalen, Interessen, Kaufverhalten oder Engagement. Durch die Segmentierung können Unternehmen gezielte E-Mails an spezifische Gruppen von Abonnenten senden, um relevante Inhalte und Angebote anzubieten. Dies führt zu einer höheren Relevanz und einer größeren Wahrscheinlichkeit, dass die Empfänger mit der E-Mail interagieren und konvertieren.

Dynamische Inhalte und Personalisierungstoken

Dynamische Inhalte ermöglichen es Unternehmen, verschiedene Versionen einer E-Mail zu erstellen, die an verschiedene Segmente oder sogar einzelne Abonnenten angepasst sind. Personalisierungstoken können verwendet werden, um personalisierte Informationen wie den Namen des Abonnenten oder seinen aktuellen Kaufstatus in die E-Mail einzufügen. Durch die Verwendung dynamischer Inhalte und Personalisierungstoken können Unternehmen individuelle und relevante E-Mail-Erlebnisse für ihre Abonnenten schaffen.

Automatisierte Personalisierung und Segmentierung

Marketing-Automatisierungstools bieten Funktionen zur automatisierten Personalisierung und Segmentierung von E-Mails. Durch das Einrichten von automatisierten Workflows können Unternehmen personalisierte E-Mails basierend auf bestimmten Triggern oder Aktionen automatisch an Abonnenten senden. Beispiele für automatisierte Workflows sind Willkommenssequenzen, Warenkorb-Erinnerungen oder Jubiläumsangebote. Die automatisierte Personalisierung und Segmentierung spart Zeit und ermöglicht es Unternehmen, eine individuelle Kommunikation mit ihren Abonnenten auf großen Skalen zu pflegen.

Durch die Implementierung von Personalisierung und Segmentierung können Unternehmen ihre E-Mail-Kampagnen auf die Bedürfnisse und Interessen ihrer Abonnenten zuschneiden. Dies führt zu einer höheren Engagement, Konversionsrate und Kundenzufriedenheit. Die Verwendung von dynamischen Inhalten, Personalisierungstoken und Marketing-Automatisierungstools erleichtert die Umsetzung dieser Strategien und ermöglicht Unternehmen, effektive und maßgeschneiderte E-Mail-Kampagnen durchzuführen.

Die Bedeutung der Segmentierung im E-Mail-Marketing

Segmentierung beinhaltet die Einteilung von Abonnenten in verschiedene Gruppen basierend auf bestimmten Kriterien wie

Demografie, Vorlieben, Kaufhistorie oder Engagement-Level. Durch die Segmentierung des Publikums können Unternehmen zielgerichtete E-Mail-Kampagnen erstellen, die den einzigartigen Merkmalen und Interessen jeder Gruppe gerecht werden. Segmentierung ermöglicht eine präzisere Zielgruppenansprache, sodass Unternehmen hoch relevante Inhalte und Angebote liefern können, was zu verbesserten Öffnungsraten, Klickraten und Konversionsraten führt.

Sammeln und Nutzen von Abonnentendaten

Um effektiv zu personalisieren und zu segmentieren, müssen Unternehmen Abonnentendaten sammeln und nutzen. Daten können über Anmeldeformulare, Präferenzzentren, Kaufhistorie, Website-Interaktionen oder Umfragen gesammelt werden. Diese Daten liefern wertvolle Einblicke in die Interessen, Vorlieben und Verhaltensweisen der Abonnenten, wodurch Unternehmen ihre E-Mail-Kampagnen entsprechend anpassen können. Durch die Nutzung von Abonnentendaten können Unternehmen hoch zielgerichtete und personalisierte Inhalte erstellen, die auf jeden Einzelnen abgestimmt sind.

Erstellung von dynamischem Inhalt

Dynamischer Inhalt beinhaltet die dynamische Anpassung von Teilen einer E-Mail basierend auf den Merkmalen oder Vorlieben des Empfängers. Unternehmen können den E-Mail-Inhalt basierend auf Abonnentendaten anpassen und personalisierte Empfehlungen, Produktempfehlungen oder standortbezogene Angebote liefern. Dynamischer Inhalt schafft ein maßgeschneidertes Erlebnis für jeden Abonnenten, erhöht das Engagement und führt zu einer höheren Konversionsrate.

Implementierung von verhaltensbasierten Triggern

Verhaltensbasierte Trigger sind automatisierte E-Mails, die durch bestimmte Aktionen oder Verhaltensweisen von Abonnenten ausgelöst werden, wie zum Beispiel ein Kauf, das Verlassen eines Warenkorbs oder die Anmeldung für einen Newsletter. Durch die Einrichtung von verhaltensbasierten Triggern können Unternehmen zeitnahe und relevante

E-Mails senden, die auf die Aktionen der Abonnenten reagieren. Diese ausgelösten E-Mails können personalisierte Produktempfehlungen, Erinnerungen oder exklusive Angebote enthalten und sorgen für ein nahtloses und personalisiertes Kundenerlebnis.

Lifecycle-E-Mail-Marketing

Lifecycle-E-Mail-Marketing beinhaltet das Senden von gezielten E-Mails in verschiedenen Phasen des Kundenlebenszyklus, von der Onboarding-Phase bis zur Kundenbindung und Reaktivierung. Durch das Verständnis, wo sich die Abonnenten in ihrer Customer Journey befinden, können Unternehmen relevante E-Mails senden, die auf ihre spezifischen Bedürfnisse und Interessen eingehen. Zum Beispiel können neue Abonnenten eine Willkommensserie erhalten, während treue Kunden exklusive Angebote oder Treueprämien erhalten. Lifecycle-E-Mail-Marketing fördert die Kundenbeziehung und unterstützt langfristiges Engagement.

Testen und Optimieren von Personalisierung und Segmentierung

Um die Effektivität von Personalisierungs- und Segmentierungsstrategien sicherzustellen, sollten Unternehmen ihre E-Mail-Kampagnen kontinuierlich testen und optimieren. A/B-Tests verschiedener Personalisierungselemente, Segmentierungskriterien oder Inhaltsvariationen helfen dabei, die effektivsten Ansätze zu identifizieren. Die Analyse von Leistungskennzahlen wie Öffnungsraten, Klickraten und Konversionsraten liefert Erkenntnisse über die Effektivität von Personalisierung und Segmentierung, was Unternehmen ermöglicht, ihre Strategien für bessere Ergebnisse zu optimieren.

Durch die Implementierung von Personalisierungs- und Segmentierungsstrategien im E-Mail-Marketing können Unternehmen zielgerichtete und relevante Inhalte liefern, die bei den Abonnenten Anklang finden. Das Sammeln und Nutzen von Abonnentendaten, die Erstellung von dynamischem Inhalt, die Implementierung von verhaltensbasierten Triggern, die Nutzung des Lifecycle-E-Mail-

Marketings sowie kontinuierliches Testen und Optimieren tragen allesamt zum Erfolg von Personalisierung und Segmentierung bei. Diese Strategien führen zu einer verbesserten Interaktion, einer erhöhten Konversionsrate und einer stärkeren Kundenbeziehung, was letztendlich den Erfolg von E-Mail-Marketing-Kampagnen vorantreibt.

KAPITEL 9
Influencer-Marketing und Markenpartnerschaften

In diesem Kapitel erkunden wir die leistungsstarke Strategie des Influencer-Marketings und der Markenpartnerschaften, die zu integralen Bestandteilen moderner Marketingkampagnen geworden sind. Das Influencer-Marketing nutzt die Reichweite und den Einfluss von Personen mit bedeutenden Online-Followern, um Produkte oder Dienstleistungen zu bewerben. Markenpartnerschaften hingegen beinhalten die Zusammenarbeit mit anderen Marken, um gegenseitig vorteilhafte Marketinginitiativen zu schaffen. Durch das Verständnis und die effektive Umsetzung dieser Strategien können Unternehmen ihre Reichweite erweitern, ihre Glaubwürdigkeit stärken und eine bedeutungsvolle Interaktion mit ihrer Zielgruppe fördern.

Das Verständnis von Influencer-Marketing

Beim Influencer-Marketing geht es um die Zusammenarbeit mit Personen, die in einer bestimmten Nische oder Branche eine etablierte Glaubwürdigkeit und eine treue Anhängerschaft haben. Influencer sind in der Regel auf Social-Media-Plattformen wie Instagram, YouTube oder TikTok aktiv und haben die Macht, die Meinungen und Kaufentscheidungen ihrer Follower zu beeinflussen. Durch die Zusammenarbeit mit Influencern, deren Werte mit der eigenen Marke übereinstimmen, können Unternehmen von deren Reichweite, Authentizität und Einfluss profitieren, um ihre Produkte oder Dienstleistungen an ein hochengagiertes Publikum zu bewerben.

Identifikation der richtigen Influencer

Um eine erfolgreiche Influencer-Marketingkampagne umzusetzen, müssen Unternehmen sorgfältig die richtigen Influencer für ihre Marke identifizieren. Dies erfordert gründliche Recherche, um Influencer zu finden, die eine echte Verbindung zu ihrer Zielgruppe haben und deren Inhalte mit den Werten der Marke übereinstimmen. Zu berücksichtigende Faktoren bei der Auswahl von Influencern sind Demografie des Publikums, Engagement-Raten, Qualität der Inhalte und bisherige Zusammenarbeit mit Marken. Durch die Auswahl von Influencern, die natürliche Partner für ihre Marke sind, können Unternehmen eine authentische und effektive Zusammenarbeit gewährleisten.

Aufbau authentischer Beziehungen

Der Aufbau authentischer Beziehungen zu Influencern ist entscheidend für eine erfolgreiche Influencer-Marketingkampagne. Unternehmen sollten Influencer mit echtem Interesse an deren Inhalten ansprechen und auf Grundlage von Vertrauen und gemeinsamen Werten eine für beide Seiten vorteilhafte Beziehung aufbauen. Dies beinhaltet regelmäßige Interaktion mit Influencern, Bereitstellung relevanter und wertvoller Informationen sowie die Zusammenarbeit an kreativen Kampagnen, die sowohl zur Marke als auch zum Stil des Influencers passen. Durch die Förderung authentischer Beziehungen können Unternehmen nachhaltige und wirkungsvolle Partnerschaften mit Influencern aufbauen.

Gestaltung überzeugender Influencer-Kampagnen

Erfolgreiche Influencer-Kampagnen erfordern sorgfältige Planung und Zusammenarbeit zwischen der Marke und dem Influencer. Unternehmen sollten eng mit Influencernzusammenarbeiten, um kreative und überzeugende Kampagnen zu entwickeln, die bei ihrem Publikum Anklang finden. Die Inhalte sollten authentisch, ansprechend und nahtlos in die Plattform des Influencers integriert sein. Ob durch Produktbewertungen, gesponserte Beiträge, Gewinnspiele oder kreative Geschichten - Unternehmen sollten die Kreativität und Expertise des

Influencers nutzen, um eine wirkungsvolle Botschaft an ihr Publikum zu vermitteln.

Messung und Analyse von Ergebnissen

Die Messung des Erfolgs von Influencer-Marketingkampagnen ist entscheidend, um deren Wirksamkeit zu bewerten und datengesteuerte Entscheidungen für zukünftige Initiativen zu treffen. Unternehmen sollten Leistungskennzahlen festlegen, die mit den Zielen der Kampagne übereinstimmen, und Metriken wie Reichweite, Engagement, Klickrate und Konversionen verfolgen. Darüber hinaus können das Überwachen der Stimmung und das Sammeln von Feedback von der Zielgruppe wertvolle Einblicke in die Auswirkungen der Kampagne liefern. Durch die Analyse der Ergebnisse können Unternehmen ihre Influencer-Marketingstrategien optimieren und ihre Investitionsrendite maximieren.

Erkunden von Markenpartnerschaften

Neben dem Influencer-Marketing bieten Markenpartnerschaften eine leistungsstarke Möglichkeit, die Reichweite zu erweitern, neue Märkte zu erschließen und die Wahrnehmung der Marke zu verbessern. Die Zusammenarbeit mit anderen komplementären Marken ermöglicht es Unternehmen, gemeinsame Zielgruppen, Ressourcen und Fachkenntnisse zu nutzen, um überzeugende Marketinginitiativen zu schaffen. Markenpartnerschaften können verschiedene Formen annehmen, wie zum Beispiel gemeinsame Kampagnen, gemeinsame Veranstaltungen, Cross-Promotionen oder Produktzusammenarbeit. Durch die strategische Auswahl von Markenpartnern und die Ausrichtung ihrer Marketingziele können Unternehmen gegenseitig vorteilhafte Partnerschaften schaffen, die ihre Markenbotschaft verstärken und neue Kunden gewinnen.

Verwaltung und Aufrechterhaltung von Markenpartnerschaften

Erfolgreiche Markenpartnerschaften erfordern eine effektive Verwaltung und kontinuierliche Zusammenarbeit. Klarer Kommunikation, definierten Zielen und gemeinsam vereinbarten Erwartungen kommt dabei eine große Bedeutung zu. Regelmäßige Treffen, geteilte Marketingkalender und offene Kommunikationswege gewährleisten, dass beide Marken aufeinander abgestimmt sind und gemeinsam an gemeinsamen Zielen arbeiten. Darüber hinaus ermöglicht das Verfolgen und Auswerten der Leistung von Markenpartnerschaftsinitiativen Unternehmen, deren Auswirkungen zu bewerten und gegebenenfalls Anpassungen vorzunehmen. Die Aufrechterhaltung starker Beziehungen zu Markenpartnern kann zu langfristigen Zusammenarbeiten und gemeinsamem Erfolg führen.

Durch die Einbeziehung von Influencer-Marketing und Markenpartnerschaften in ihre Marketingstrategien können Unternehmen die Macht einflussreicher Personen und komplementärer Marken nutzen, um ihre Reichweite zu erweitern, ihre Glaubwürdigkeit zu stärken und eine bedeutungsvolle Interaktion mit ihrer Zielgruppe zu fördern. Die Identifikation der richtigen Influencer, der Aufbau authentischer Beziehungen, die Gestaltung überzeugender Influencer-Kampagnen, die Messung und Analyse von Ergebnissen sowie das Erkunden von Markenpartnerschaften und deren Verwaltung tragen alle dazu bei, den Erfolg von Influencer-Marketing und Markenpartnerschaften zu gewährleisten. Diese Strategien ermöglichen es Unternehmen, ihre Marketingziele zu erreichen und eine starke Präsenz in der digitalen Welt aufzubauen.

Identifizieren der richtigen Influencer

Die Auswahl der richtigen Influencer ist entscheidend für den Erfolg einer Influencer-Marketing-Kampagne. Unternehmen sollten Faktoren wie Zielgruppendemografie, Engagement-Raten, Inhaltsqualität und Markenpassung bei der Auswahl von Influencern berücksichtigen. Mikro-Influencer mit kleineren, aber hoch engagierten Zielgruppen können besonders effektiv für Nischenmärkte sein. Eine gründliche Recherche und Analyse des Inhalts, der Zielgruppendemografie und der bisherigen Zusammenarbeit der Influencer kann sicherstellen, dass eine starke Passung zur Marke besteht.

Authentische Partnerschaften aufbauen

Erfolgreiche Influencer-Marketing-Kampagnen basieren auf authentischen Partnerschaften. Es ist wichtig, dass Unternehmen echte Beziehungen zu Influencern aufbauen, die auf gemeinsamen Werten und gegenseitigem Respekt beruhen. Indem Influencer in den kreativen Prozess einbezogen werden und ihnen die Freiheit gegeben wird, ihre authentische Meinung auszudrücken, können Unternehmen sicherstellen, dass der Inhalt sowohl bei der Zielgruppe des Influencers als auch bei ihrer eigenen Markenbotschaft Resonanz findet. Authentizität ist entscheidend, um Vertrauen und Glaubwürdigkeit bei der Zielgruppe aufzubauen.

Verschiedene Arten von Influencer-Kooperationen nutzen

Influencer-Marketing bietet verschiedene Kooperationsmöglichkeiten, um unterschiedliche Kampagnenziele und Budgets zu erfüllen. Dazu gehören gesponserte Inhalte, Produktplatzierungen, Markenbotschafterschaften oder Affiliate-Programme. Gesponserte Inhalte beinhalten, dass Influencer dedizierte Beiträge oder Videos erstellen, um die Marke oder ihre Produkte zu bewerben. Produktplatzierungen zeigen die Produkte der Marke in den Inhalten der Influencer auf eine natürlichere Art und Weise. Markenbotschafterschaften beinhalten langfristige Partnerschaften mit Influencern, die die Marke kontinuierlich repräsentieren. Affiliate-Programme ermöglichen es Influencern, Provisionen für den Verkauf über ihre einzigartigen Affiliate-Links zu verdienen. Die Auswahl der richtigen Art der Zusammenarbeit hängt von den Kampagnenzielen und der Zielgruppe ab.

Die Kraft von Markenpartnerschaften nutzen

Markenpartnerschaften beinhalten die Zusammenarbeit mit anderen komplementären Marken, um gemeinsame Marketinginitiativen zu schaffen. Durch die Ausrichtung mit gleichgesinnten Marken können Unternehmen die Zielgruppen, das Fachwissen und die Ressourcen beider Marken nutzen, um ihre Marketingaktivitäten zu verstärken und eine breitere Verbraucherbasis zu erreichen. Markenpartnerschaften bieten Möglichkeiten zur gemeinsamen Erstellung von Inhalten, zur

Durchführung gemeinsamer Aktionen, zur Veranstaltung von Events oder zur Entwicklung gemeinsamer Produkte und bieten beiden Marken Nutzen und einen einzigartigen Mehrwert für die Zielgruppe.

Kompatible Markenpartner identifizieren

Die Suche nach kompatiblen Markenpartnern ist entscheidend für erfolgreiche Kooperationen. Unternehmen sollten nach Marken suchen, die ähnliche Werte teilen, ähnliche Zielgruppen ansprechen und ihre Produkte oder Dienstleistungen ergänzen. Die Zusammenarbeit mit nicht konkurrierenden Marken ermöglicht Cross-Promotion und den Zugang zu einem breiteren Pool potenzieller Kunden. Eine gründliche Recherche und eine gemeinsame Vision für die Partnerschaft gewährleisten eine gute Passung und maximieren die Vorteile für beide beteiligten Marken.

Gemeinsam überzeugenden Content erstellen

Einer der Hauptvorteile von Markenpartnerschaften ist die Möglichkeit, gemeinsam überzeugenden Content zu erstellen, der bei den Zielgruppen beider Marken Resonanz findet. Durch die Kombination kreativer Kräfte können Marken einzigartigen und überzeugenden Content entwickeln, der eine zusammenhängende Geschichte erzählt und Mehrwert für die Zielgruppe bietet. Gemeinsam erstellter Content kann verschiedene Formen annehmen, darunter Blog-Beiträge, Videos, Social-Media-Kampagnen oder sogar gemeinsame Veranstaltungen. Wichtig ist, sicherzustellen, dass der Inhalt mit den Werten und Interessen beider Marken übereinstimmt und ein nahtloses Markenerlebnis bietet.

Reichweite und Engagement verstärken

Markenpartnerschaften bieten die Möglichkeit, die bestehenden Zielgruppen zu erreichen und die Reichweite und das Engagement zu erhöhen. Durch gegenseitige Bewerbung der Produkte oder Dienstleistungen können beide Marken ihre Angebote einer neuen Gruppe potenzieller Kunden präsentieren, die möglicherweise ein echtes Interesse daran haben. Die Nutzung der Social-Media-Kanäle, Newsletter oder anderer Marketingkanäle der Partner ermöglicht eine größere Sichtbarkeit und eine erhöhte Interaktion mit der Zielgruppe.

Messung und Bewertung des Partnerschaftserfolgs

Die Messung des Erfolgs von Markenpartnerschaften ist entscheidend, um die Effektivität der Zusammenarbeit zu bewerten und datengesteuerte Entscheidungen für zukünftige Initiativen zu treffen. Unternehmen sollten klare Ziele und Leistungskennzahlen (KPIs) zu Beginn der Partnerschaft festlegen. Die Verfolgung von Metriken wie Reichweite, Engagement, Website-Traffic, Conversion oder Kundengewinnung liefert wertvolle Einblicke in die Auswirkungen der Partnerschaft. Regelmäßige Evaluierungen ermöglichen eine kontinuierliche Optimierung und die Identifizierung erfolgreicher Partnerschaftsstrategien.

Durch die effektive Implementierung von Influencer-Marketing und Markenpartnerschaften können Unternehmen die Reichweite, Glaubwürdigkeit und Ressourcen von Influencern und komplementären Marken nutzen, um ihre Marketingbemühungen zu verbessern. Die Identifizierung der richtigen Influencer, die Entwicklung authentischer Partnerschaften, die Nutzung verschiedener Kooperationsarten, die Identifizierung kompatibler Markenpartner, die gemeinsame Erstellung überzeugenden Contents, die Steigerung von Reichweite und Engagement sowie die Messung des Partnerschaftserfolgs sind alles wichtige Elemente erfolgreicher Influencer-Marketing- und Markenpartnerschaftsstrategien.

Definieren Sie Ihre Zielgruppe

Beginnen Sie damit, Ihre Zielgruppe klar zu definieren und deren demografische Merkmale, Interessen und Vorlieben zu verstehen. Dies hilft Ihnen dabei, Influencer zu identifizieren, deren Follower Ihrem idealen Kundenprofil entsprechen. Führen Sie gründliche Recherchen durch

Nutzen Sie soziale Medien, Influencer-Marketing-Plattformen und branchenbezogene Websites, um Influencer in Ihrer Nische zu recherchieren und zu identifizieren. Suchen Sie nach Influencern, die

Inhalte erstellen, die für Ihre Branche relevant sind und eine bedeutende und engagierte Anhängerschaft haben.

Analysieren Sie Influencer-Metriken

Betrachten Sie über die Follower-Anzahl hinaus auch andere wichtige Metriken, um die Relevanz und den Einfluss eines Influencers zu bewerten. Berücksichtigen Sie Faktoren wie Engagement-Rate, Reichweite, durchschnittliche Likes und Kommentare pro Beitrag sowie die Qualität ihrer Inhalte. Tools wie Social-Media-Analyseplattformen oder Influencer-Marketing-Plattformen können wertvolle Einblicke liefern.

Bewerten Sie Authentizität und Übereinstimmung des Influencers

Authentizität ist entscheidend im Influencer-Marketing. Bewertet den Inhalt eines Influencers, um sicherzustellen, dass er mit den Werten, der Botschaft und dem ästhetischen Anspruch Ihrer Marke übereinstimmt. Suchen Sie nach Influencern, die eine echte Verbindung zu ihrem Publikum haben und Inhalte erstellen, die bei ihren Followern Resonanz finden.

Berücksichtigen Sie Influencer-Partnerschaften und Zusammenarbeiten

Suchen Sie nach Influencern, die bereits mit Marken in Ihrer Branche oder mit ähnlichen Zielgruppen zusammengearbeitet haben. Beurteilen Sie den Erfolg und die Auswirkungen dieser Partnerschaften, um einzuschätzen, ob sie gut zu Ihrer Marke passen würden.

Interagieren Sie mit Influencern

Sobald Sie potenzielle Influencer identifiziert haben, interagieren Sie mit ihnen auf sozialen Medienplattformen. Reagieren Sie auf ihre Inhalte, hinterlassen Sie aussagekräftige Kommentare und bauen Sie eine Beziehung auf. Dies kann Ihnen helfen, ihre Reaktionsfähigkeit einzuschätzen und ihre Eignung für Ihre Marke weiter zu bewerten.

Nutzen Sie Influencer-Marketing-Plattformen

Erwägen Sie die Verwendung von Influencer-Marketing-Plattformen, die Marken mit Influencern verbinden. Diese Plattformen bieten Zugang zu einem großen Netzwerk von Influencern und bieten erweiterte Such- und Filteroptionen basierend auf bestimmten Kriterien, um relevante Influencer für Ihre Marke leichter zu finden.

Berücksichtigen Sie Mikro-Influencer

Unterschätzen Sie nicht das Potenzial von Mikro-Influencern, die eine kleinere, aber hoch engagierte Anhängerschaft haben. Sie haben oft eine spezielle Zielgruppe und können eine gezieltere Reichweite und höhere Engagement-Raten bieten. Mikro-Influencer können auch kosteneffektiver sein, insbesondere für Marken mit begrenzten Budgets.

Denken Sie daran, dass es entscheidend ist, Influencer zu finden, die authentisch zu Ihrer Marke passen und eine engagierte Zielgruppe haben, die Ihrer Zielgruppe entspricht. Der Aufbau langfristiger Beziehungen zu Influencern, die Ihre Marke wirklich unterstützen, kann zu erfolgreichen Partnerschaften führen.

Verhandlungen über Partnerschaften und Zusammenarbeit sind ein entscheidender Schritt bei der Schaffung von gegenseitig vorteilhaften Beziehungen mit anderen Marken oder Influencern. Erfolgreiche Verhandlungen können zu wirkungsvollen Marketinginitiativen führen und Türen für neue Möglichkeiten öffnen. Hier sind einige Strategien, um den Verhandlungsprozess effektiv zu gestalten:

Definieren Sie Ihre Ziele Legen Sie Ihre Ziele klar fest und bestimmen Sie, was Sie durch die Partnerschaft oder Zusammenarbeit erreichen möchten. Identifizieren Sie die spezifischen Ziele, die Sie erreichen möchten, wie z.B. Steigerung der Markenbekanntheit, Erreichen einer neuen Zielgruppe oder Steigerung des Umsatzes. Gut definierte Ziele werden Ihre Verhandlungsstrategie leiten.

Recherchieren Sie und sammeln Sie Informationen Vor Beginn der Verhandlungen sammeln Sie Informationen über den potenziellen Partner oder Influencer. Verstehen Sie deren Werte, Zielgruppe, frühere Zusammenarbeiten und den Mehrwert, den sie Ihrer Marke bieten können. Dieses Wissen hilft Ihnen, Ihre Verhandlungsstrategie anzupassen und zu zeigen, dass Sie ihren einzigartartigen Mehrwert verstehen.

Identifizieren Sie gemeinsame Vorteile

Heben Sie die Vorteile hervor, die beide Parteien aus der Partnerschaft oder Zusammenarbeit ziehen können. Überlegen Sie, was Sie dem anderen bieten können, wie z.B. Exposition, Zugang zu Ihrer Zielgruppe oder Ressourcen. Betonen Sie die Synergien und Wachstumsmöglichkeiten, die sich aus der Zusammenarbeit ergeben. Präsentieren Sie einen überzeugenden Fall dafür, warum die Zusammenarbeit für beide Seiten von Vorteil ist.

Bestimmen Sie den Umfang und die Ergebnisse

Definieren Sie klar den Umfang der Partnerschaft oder Zusammenarbeit, einschließlich der spezifischen Ergebnisse, Zeitpläne und Erwartungen beider Parteien. Besprechen Sie die Arten von Inhalten, Kampagnen oder Aktivitäten, die Sie sich vorstellen, und stellen Sie sicher, dass beide Parteien die gewünschten Ergebnisse im Blick haben. Diese Klarheit hilft Missverständnisse zu vermeiden.

Verhandeln Sie gegenseitig vorteilhafte Bedingungen

Verhandeln Sie Bedingungen, die beiden beteiligten Parteien zugutekommen. Dies kann Aspekte wie Vergütung, Umsatzbeteiligungsmodelle, Exklusivität, Rechte an geistigem Eigentum oder Verpflichtungen zur Promotion umfassen. Finden Sie einen Ausgleich, der den Bedürfnissen beider Parteien gerecht wird und mit dem Mehrwert übereinstimmt, den jeder in die Zusammenarbeit einbringt.

Pflegen Sie eine offene und respektvolle Kommunikation

Wahren Sie während des Verhandlungsprozesses eine offene und respektvolle Kommunikation mit dem potenziellen Partner oder Influencer. Hören Sie deren Perspektiven an, adressieren Sie etwaige Bedenken und seien Sie offen für einen Konsens. Eine effektive

Kommunikation baut Vertrauen auf und schafft die Grundlage für eine erfolgreiche Partnerschaft.

Erwägen Sie einen Probezeitraum oder ein Pilotprojekt

Wenn Sie sich unsicher sind, ob Sie sich langfristig an eine Partnerschaft binden möchten, beginnen Sie mit einem Probezeitraum oder einem Pilotprojekt. Dadurch haben Sie die Möglichkeit, die Zusammenarbeit in kleinerem Rahmen zu testen und ihre Effektivität zu bewerten, bevor Sie sich zu einer umfangreicheren Partnerschaft verpflichten. Es bietet auch beiden Parteien die Möglichkeit, die Arbeitsdynamik und die Ergebnisse zu bewerten.

Legen Sie eine schriftliche Vereinbarung vor

Nach Abschluss der Verhandlungen und Vereinbarung der Bedingungen, formalisieren Sie die Partnerschaft oder Zusammenarbeit in einer schriftlichen Vereinbarung. Enthalten Sie alle vereinbarten Bedingungen, Ergebnisse, Zeitpläne und alle anderen relevanten Details. Eine klare Vereinbarung schützt beide Parteien und stellt sicher, dass die Erwartungen erfüllt werden.

Denken Sie daran, dass Verhandlungen ein kooperativer Prozess sein sollten, bei dem sich beide Parteien wertgeschätzt fühlen und von der Partnerschaft profitieren. Seien Sie offen für Kompromisse, finden Sie kreative Lösungen und bewahren Sie während des Verhandlungsprozesses einen positiven und professionellen Ansatz. Der Aufbau starker Partnerschaften und Zusammenarbeit ist ein fortlaufender Prozess, der fortlaufende Kommunikation, gegenseitigen Respekt und eine gemeinsame Vision für den Erfolg erfordert.

Messung der Wirksamkeit von Influencer-Kampagnen

Die Wirksamkeit von Influencer-Kampagnen zu messen, ist entscheidend, um ihren Einfluss zu bewerten, zukünftige Strategien zu optimieren und den Return on Investment nachzuweisen. Obwohl jede

Kampagne individuelle Ziele haben kann, gibt es mehrere Schlüsselkennzahlen und Strategien, die Ihnen helfen können, ihre Wirksamkeit zu messen.

Reichweite und Impressions

Bewerten Sie die Reichweite und Impressions, die durch die Influencer-Kampagne generiert wurden. Dies umfasst die Messung der Gesamtzahl der erreichten Follower durch den Inhalt des Influencers und wie oft der Inhalt angesehen wurde. Diese Kennzahlen liefern Erkenntnisse über die Gesamtexposition der Kampagne und das potenzielle Publikum.

Engagement-Kennzahlen

Bewerten Sie das Engagement, das durch die Influencer-Kampagne generiert wurde, wie z.B. Likes, Kommentare, Shares und Saves auf Social Media-Plattformen. Engagement-Kennzahlen zeigen, wie gut der Inhalt beim Publikum ankam und welches Maß an Interaktion er erzeugte. Höhere Engagement-Raten deuten in der Regel auf eine wirkungsvollere Kampagne hin.

Click-through-Rate (CTR)

Verfolgen Sie die Click-through-Rate, um die Effektivität der Weiterleitung von Traffic auf Ihre Website oder Landing Page zu messen. Diese Kennzahl gibt den Prozentsatz der Nutzer an, die auf den Inhalt des Influencers geklickt und anschließend Ihre Website besucht haben. Eine höhere CTR deutet darauf hin, dass die Kampagne erfolgreich Traffic generiert und das Interesse des Publikums geweckt hat.

Konversionen und Verkäufe

Messen Sie die Anzahl der Konversionen oder Verkäufe, die direkt auf die Influencer-Kampagne zurückzuführen sind. Dies kann durch die Verwendung eindeutiger Tracking-Links, Promo-Codes oder Empfehlungsprogramme erfolgen. Die Verfolgung von Konversionen liefert konkrete Nachweise für den Einfluss der Kampagne auf tatsächliche Geschäftsergebnisse.

Marken-Mention und Stimmung

Überwachen Sie Marken-Mentions und die Stimmung, die mit der Influencer-Kampagne in Verbindung gebracht werden. Analysieren Sie soziale Medien, Kommentare und direktes Feedback, um die allgemeine Stimmung und Wahrnehmung Ihrer Marke beim Publikum zu bewerten. Positive Marken-Mentions und Stimmung deuten auf eine erfolgreiche Influencer-Kampagne hin, die die Markenwahrnehmung positiv beeinflusst hat.

Wachstum des Publikums

Bewerten Sie Veränderungen in Ihrer eigenen Social-Media-Follower-Anzahl oder E-Mail-Abonnentenbasis während und nach der Influencer-Kampagne. Ein Anstieg neuer Follower oder Abonnenten kann darauf hinweisen, dass die Kampagne erfolgreich die Zielgruppe erweitert hat und Interesse bei neuen potenziellen Kunden geweckt hat.

Umfragen und Feedback

Sammeln Sie direktes Feedback von Ihrem Publikum durch Umfragen oder Abstimmungen, um deren Wahrnehmung, Einstellungen und Kaufverhalten infolge der Influencer-Kampagne zu verstehen. Diese qualitativen Datenliefern wertvolle Einblicke in den Einfluss der Kampagne auf die Markenwahrnehmung, das Kundenvertrauen und die Kaufabsicht.

Kostenwirksamkeit

Bewerten Sie die Kostenwirksamkeit der Influencer-Kampagne, indem Sie die angefallenen Ausgaben mit den erzielten Ergebnissen vergleichen. Berechnen Sie Kennzahlen wie Kosten pro Impression, Kosten pro Engagement oder Kosten pro Konversion, um die Effizienz Ihrer Investition in Influencer-Marketing zu bewerten.

Langfristige Partnerschaften

Bewerten Sie das Potenzial für langfristige Partnerschaften mit Influencern anhand ihrer Kampagnenleistung. Berücksichtigen Sie Kennzahlen wie wiederholte Zusammenarbeit, Follower-Wachstum im

Laufe der Zeit und kontinuierliches Engagement, um den langfristigen Einfluss des Influencers auf das Wachstum und den Erfolg Ihrer Marke zu bestimmen.

Denken Sie daran, dass die Messung der Wirksamkeit von Influencer-Kampagnen mit Ihren Kampagnenzielen übereinstimmen und an Ihre spezifischen Ziele angepasst sein sollte. Verwenden Sie eine Kombination aus quantitativen und qualitativen Kennzahlen, um ein umfassendes Verständnis für den Einfluss der Kampagne zu gewinnen. Überprüfen und analysieren Sie regelmäßig diese Kennzahlen, um Ihre Influencer-Strategien zu optimieren und zukünftige Kampagnen zu verbessern.

KAPITEL 10
Analytik und Leistungsnachverfolgung

Im heutigen digitalen Marketingumfeld ist datenbasierte Entscheidungsfindung entscheidend, um Kampagnen zu optimieren und optimale Ergebnisse zu erzielen. Kapitel 10 widmet sich der Bedeutung von Analytik und Leistungsnachverfolgung und bietet Einblicke, wie Unternehmen Daten nutzen können, um die Effektivität ihrer Marketingbemühungen zu messen und fundierte Entscheidungen zu treffen.

Die Rolle von Analytik verstehen

Analytik beinhaltet die Sammlung, Analyse und Interpretation von Daten, um Einblicke in verschiedene Aspekte von Marketingkampagnen zu gewinnen. Sie liefert wertvolle Informationen über das Verhalten des Publikums, die Leistung von Kampagnen und den Gesamtreturn on Investment. Durch das Verständnis der Rolle von Analytik können Unternehmen die Kraft von Daten nutzen, um ihre Strategien zu optimieren und bessere Ergebnisse zu erzielen.

Definition von Leistungskennzahlen (KPIs)

Die Definition von Leistungskennzahlen (KPIs) ist ein entscheidender Schritt in der Analytik und Leistungsnachverfolgung. KPIs sind messbare Metriken, die mit den Geschäftszielen übereinstimmen und den Erfolg von Marketingbemühungen anzeigen. Sie können je nach Kampagnenzielen variieren und Kennzahlen wie Konversionsraten, Klickrate, Kundengewinnungskosten, Return on Ad Spend oder Engagementraten umfassen. Durch die Festlegung klarer KPIs können Unternehmen ihre Bemühungen fokussieren und ihren Fortschritt effektiv verfolgen.

Implementierung von Webanalyse-Tools

Webanalyse-Tools wie Google Analytics bieten Unternehmen wertvolle Einblicke in die Leistung der Website, das Nutzerverhalten und die Conversion-Nachverfolgung. Durch die Implementierung von Webanalyse-Tools können Unternehmen Kennzahlen wie Website-Traffic, Absprungraten, Sitzungsdauer und Conversion-Funnels verfolgen. Diese Tools ermöglichen es Unternehmen zu verstehen, wie Besucher mit ihrer Website interagieren, Bereiche zur Verbesserung zu identifizieren und das Nutzungserlebnis zu optimieren, um bessere Konversionen zu erzielen.

Social-Media-Analytik

Soziale Medien bieten integrierte Analysetools, die Einblicke in die Leistung von Social-Media-Kampagnen liefern. Diese Tools bieten Daten zu Reichweite, Engagement, Follower-Wachstum, Demografie und Leistung von Inhalten. Durch die Analyse von Social-Media-Analytik können Unternehmen die Effektivität ihrer Social-Media-Strategien bewerten, die Arten von Inhalten identifizieren, die bei ihrem Publikum Anklang finden, und datenbasierte Entscheidungen treffen, um das Engagement zu verbessern und ihre Marketingziele zu erreichen.

E-Mail-Marketing-Analytik

E-Mail-Marketing-Plattformen bieten oft leistungsstarke Analysefunktionen, mit denen Unternehmen die Leistung ihrer E-Mail-Kampagnen verfolgen können. Kennzahlen wie Öffnungsraten, Klickraten, Konversionsraten und Abmelderatengeben Einblicke in die Effektivität von E-Mail-Kampagnen. Durch die Analyse von E-Mail-Marketing-Analytik können Unternehmen ihre E-Mail-Strategien verfeinern, Inhalte optimieren und die Personalisierung verbessern, um ein höheres Engagement und mehr Konversionen zu erzielen.

Datenbasierte Entscheidungsfindung

Datenbasierte Entscheidungsfindung beinhaltet die Verwendung von Erkenntnissen, die aus der Analyse gewonnen werden, um Marketingstrategien und -taktiken zu informieren. Durch die Analyse von

Daten und die Identifizierung von Mustern können Unternehmen fundierte Entscheidungen treffen, die ihren Marketing-ROI maximieren und bessere Ergebnisse erzielen.

Analyse der Kampagnenleistung

Die Analyse der Kampagnenleistung beinhaltet die regelmäßige Bewertung der Leistung von Marketingkampagnen anhand vordefinierter Leistungskennzahlen (KPIs). Durch die Überprüfung von Daten und Analysen können Unternehmen feststellen, welche Kampagnen erfolgreich sind, welche Strategien die besten Ergebnisse erzielen und wo Verbesserungen vorgenommen werden können. Diese Analyse ermöglicht es Unternehmen, Ressourcen effektiv zuzuweisen und ihre Marketingbemühungen zu optimieren.

A/B-Tests und Optimierung

A/B-Tests sind eine leistungsstarke Technik, bei der zwei oder mehr Variationen eines Marketingelements getestet werden, um festzustellen, welche besser abschneiden. Durch die Durchführung von A/B-Tests für Variablen wie Anzeigenkreationen, Landingpage-Designs, E-Mail-Betreffzeilen oder Handlungsaufforderungsschaltflächen können Unternehmen die effektivsten Elemente identifizieren und ihre Kampagnen entsprechend optimieren. A/B-Tests ermöglichen datenbasierte Entscheidungsfindung und kontinuierliche Verbesserung.

Kundensegmentierung und Personalisierung

Analysen können Unternehmen dabei helfen, ihr Publikum besser zu verstehen, indem sie eine Kundensegmentierung durchführen. Durch die Analyse von Daten zu Kundendemografie, Verhalten und Vorlieben können Unternehmen ihr Publikum in unterschiedliche Gruppen segmentieren. Diese Segmentierung ermöglicht personalisierte Marketingstrategien, die bei bestimmten Kundensegmenten Resonanz finden und zu einer höheren Interaktion und Konversion führen.

ROI-Analyse

Die Messung des Return on Investment (ROI) ist ein entscheidender Aspekt der datenbasierten Entscheidungsfindung. Durch die Analyse von Daten zu Kampagnenkosten und den entsprechenden Ergebnissen können Unternehmen die Effektivität und Rentabilität ihrer Marketingbemühungen bewerten. Die ROI-Analyse hilft dabei festzustellen, welche Kampagnen oder Kanäle die höchsten Renditen erzielen, und ermöglicht es Unternehmen, Ressourcen strategisch zuzuweisen und ihre Marketingausgaben zu optimieren.

Datenschutz und Datensicherheit

In der Ära des datenbasierten Marketings müssen Unternehmen den Datenschutz und die Datensicherheit priorisieren. Es ist entscheidend, relevante Datenschutzbestimmungen einzuhalten und sicherzustellen, dass Kundendaten sicher erhoben, gespeichert und analysiert werden. Durch die Implementierung robuster Datensicherheitsmaßnahmen und die Einhaltung bewährter Verfahren können Unternehmen das Vertrauen der Kunden schützen und die Integrität ihrer datenbasierten Marketingpraktiken gewährleisten.

Durch die Annahme von Analytik und Leistungsnachverfolgung können Unternehmen wertvolle Erkenntnisse über ihre Marketingkampagnen, das Kundenverhalten und die Gesamtperformance gewinnen. Durch datenbasierte Entscheidungsfindung können Unternehmen ihre Strategien optimieren, die Kundenerfahrung verbessern und ihre Marketingziele effektiver erreichen. Analytik und Leistungsnachverfolgung ermöglichen es Unternehmen, in der heutigen datenorientierten Marketinglandschaft wettbewerbsfähig zu bleiben.

Einrichten von Analysetools (Google Analytics usw.)

Die Einrichtung von Analysetools wie Google Analytics ist für Unternehmen unerlässlich, um wertvolle Erkenntnisse über die Leistung der Website, das Nutzerverhalten und die Conversion-Nachverfolgung zu erhalten. Hier sind die Schritte zur Einrichtung von Analysetools:

Ein Konto erstellen

Besuchen Sie die Website des Analysetools, das Sie verwenden möchten, wie z.B. Google Analytics (analytics.google.com), und erstellen Sie ein Konto, indem Sie die erforderlichen Informationen angeben.

Ein Property einrichten

Nachdem Sie ein Konto haben, richten Sie ein neues Property für Ihre Website in dem Analysetool ein. Geben Sie Details wie die Website-URL, die Branchenkategorie und die Zeitzone an.

Den Tracking-Code abrufen

Nachdem Sie das Property eingerichtet haben, stellt Ihnen das Analysetool einen Tracking-Code-Schnipsel zur Verfügung. Dieser Code muss auf jeder Seite Ihrer Website hinzugefügt werden, um Daten zu sammeln. Kopieren Sie den Tracking-Code, den das Analysetool bereitstellt.

Den Tracking-Code auf Ihrer Website hinzufügen

Fügen Sie den Tracking-Code in den HTML-Code Ihrer Website ein. Der Code sollte direkt vor dem schließenden </head>-Tag auf jeder Seite Ihrer Website platziert werden. Dadurch kann das Analysetool Daten über Nutzerinteraktionen und die Leistung der Website erfassen.

Ziele und Conversion-Nachverfolgung konfigurieren

Legen Sie im Analysetool Ziele fest, um bestimmte Aktionen auf Ihrer Website zu verfolgen, die Conversion-Nachverfolgung anzeigen, wie z.B. Formularübermittlungen, Käufe oder Newsletter-Anmeldungen. Konfigurieren Sie die Conversion-Nachverfolgung, um diese Aktionen genau zu messen und Ihren Marketingbemühungen zuzuordnen.

E-Commerce-Tracking aktivieren (falls zutreffend)

Wenn Ihre Website eine E-Commerce-Plattform enthält, aktivieren Sie das E-Commerce-Tracking im Analysetool. Diese Funktion ermöglicht es

Ihnen, Umsatz, Transaktionen und andere spezifische E-Commerce-Metriken zu verfolgen, um die Leistung Ihres Online-Shops zu bewerten.

Berichterstellung und Dashboards anpassen

Passen Sie die Einstellungen für Berichterstellung und Dashboards im Analysetool an, um sich auf die für Ihr Unternehmen wichtigsten Kennzahlen zu konzentrieren. Erstellen Sie benutzerdefinierte Berichte, richten Sie automatisierte E-Mail-Berichte ein und erstellen Sie personalisierte Dashboards, um die wichtigsten Leistungskennzahlen (KPIs) im Einklang mit Ihren Marketingzielen zu überwachen.

Andere Plattformen verknüpfen (falls zutreffend)

Integrieren Sie andere Plattformen wie Werbeplattformen oder E-Mail-Marketing-Tools mit Ihrem Analysetool, um umfassende Daten und Erkenntnisse zu sammeln. Diese Verknüpfung ermöglicht es Ihnen, die Effektivität Ihrer Marketingkampagnen ganzheitlich zu verfolgen und zu analysieren.

Filter und Datensegmentierung einrichten

Nutzen Sie Filter und Funktionen zur Datensegmentierung im Analysetool, um Ihre Datenanalyse zu verfeinern. Filter können internen Traffic ausschließen oder bestimmteSegmentierung ermöglicht es Ihnen, Daten basierend auf demografischen Merkmalen, Verhalten oder Traffic-Quellen zu analysieren.

Implementierung testen und verifizieren

Nachdem Sie das Analysetool eingerichtet und den Tracking-Code hinzugefügt haben, überprüfen Sie, ob die Implementierung korrekt funktioniert. Besuchen Sie Ihre Website und stellen Sie sicher, dass Daten im Berichtsinterface des Analysetools erfasst werden. Führen Sie Testkonversionen durch, um zu bestätigen, dass Ziele und Conversion-Nachverfolgung wie erwartet funktionieren.

Daten regelmäßig überwachen und analysieren

Nach Abschluss der Einrichtung überwachen und analysieren Sie regelmäßig die Daten, die Ihnen das Analysetool zur Verfügung stellt.

Bewertet Sie wichtige Kennzahlen, verfolgen Sie Trends und gewinnen Sie Einblicke in das Nutzerverhalten, um fundierte Entscheidungen zu treffen und Ihre Marketingstrategien zu optimieren.

Die Einrichtung von Analysetools wie Google Analytics erfordert sorgfältige Aufmerksamkeit und eine kontinuierliche Überwachung, um eine genaue Datenerhebung und -analyse zu gewährleisten. Durch die Implementierung dieser Tools können Unternehmen wertvolle Erkenntnisse gewinnen, um die Leistung der Website zu verbessern, Marketingbemühungen zu optimieren und bessere Ergebnisse zu erzielen.

Analyse wichtiger Kennzahlen und Interpretation von Daten

Die Analyse relevanter Kennzahlen und die Interpretation von Daten sind entscheidende Schritte, um die Erkenntnisse der Analysetools zu nutzen. Indem Sie die Daten verstehen und interpretieren, können Unternehmen wertvolle Einblicke in die Leistung ihrer Marketingkampagnen gewinnen und fundierte Entscheidungen zur Optimierung ihrer Strategien treffen. Hier sind die Schritte, die für eine effektive Analyse relevanter Kennzahlen und die Interpretation von Daten erforderlich sind:

Relevante Kennzahlen identifizieren

Beginnen Sie damit, die Schlüsselkennzahlen zu identifizieren, die mit Ihren Kampagnenzielen und Unternehmenszielen übereinstimmen. Dazu können Kennzahlen wie Website-Traffic, Conversion-Raten, Engagement-Raten, Klickrate, Absprungraten oder generierter Umsatz gehören. Konzentrieren Sie sich auf die Kennzahlen, die die aussagekräftigsten Einblicke in Ihre spezifischen Ziele liefern.

Benchmark und Ziele festlegen

Legen Sie Benchmarks und Ziele für jede Kennzahl fest, um einen Kontext für Ihre Analyse zu schaffen. Dies ermöglicht Ihnen den Vergleich der aktuellen Leistung mit früheren Leistungen oder Branchenstandards.

Klare Benchmarks und Ziele ermöglichen es Ihnen, die Wirksamkeit Ihrer Marketingbemühungen zu bewerten und den Fortschritt im Laufe der Zeit zu verfolgen.

Daten segmentieren

Die Segmentierung der Daten ermöglicht es Ihnen, die Leistung basierend auf spezifischen Kriterien wie demografischen Merkmalen, Traffic-Quellen oder Nutzerverhalten zu analysieren. Durch die Segmentierung der Daten können Sie Muster, Trends und Möglichkeiten in verschiedenen Segmenten Ihres Publikums erkennen. Diese Analyse hilft dabei, Ihre Marketingstrategien an spezifische Zielgruppensegmente anzupassen, um eine verbesserte Zielgruppenansprache und -bindung zu erreichen.

Vergleichende Analyse durchführen

Vergleichen Sie Daten über verschiedene Zeiträume, Kampagnen oder Segmente, um Trends, Muster und Verbesserungsmöglichkeiten zu identifizieren. Die vergleichende Analyse hilft Ihnen dabei, die Auswirkungen bestimmter Marketingmaßnahmen zu verstehen, erfolgreiche Strategien zu identifizieren und datenbasierte Entscheidungen für zukünftige Kampagnen zu treffen.

Korrelationen und Kausalitäten erkennen

Identifizieren Sie Korrelationen zwischen verschiedenen Kennzahlen und bestimmen Sie Kausalitäten, um zu verstehen, wie sich eine Kennzahl auf eine andere auswirken kann. Analysieren Sie beispielsweise, wie sich Änderungen des Website-Traffics auf die Conversion-Raten auswirken oder wie Variationen der Werbeausgaben den Umsatz beeinflussen. Das Verständnis dieser Zusammenhänge kann die strategische Entscheidungsfindung unterstützen und die Leistung der Kampagnen optimieren.

Visualisierungstechniken nutzen

Visualisieren Sie Daten mithilfe von Diagrammen, Grafiken oder Dashboards, um sie leichter interpretieren und Trends erkennen zu können. Visuelle Darstellungen von Daten helfen dabei, Muster, Ausreißer und Schwerpunkte effektiver als reine Zahlen zu identifizierenzu können. Visualisierungstechniken erleichtern die datenbasierte Darstellung und machen es einfacher, Erkenntnisse innerhalb Ihres Unternehmens zu kommunizieren.

Nach Kontext und externen Faktoren suchen

Berücksichtigen Sie externe Faktoren, die die Daten beeinflusst haben könnten, wie beispielsweise Saisonalität, Markttrends oder bestimmte Ereignisse. Das Verständnis des externen Kontexts trägt zu einer umfassenderen Interpretation der Daten bei und ermöglicht eine genauere Entscheidungsfindung.

Iteration und Optimierung

Analysieren Sie kontinuierlich Daten, um Verbesserungsbereiche zu identifizieren. Nutzen Sie die gewonnenen Erkenntnisse, um Ihre Marketingstrategien zu verfeinern, neue Ansätze zu testen und die Leistung der Kampagnen zu verbessern. Überprüfen und optimieren Sie Ihre Strategien regelmäßig auf der Grundlage datenbasierter Erkenntnisse, um kontinuierliche Verbesserungen zu erzielen.

Erkenntnisse in die Entscheidungsfindung einfließen lassen

Schließlich übertragen Sie die aus der Datenanalyse gewonnenen Erkenntnisse in konkrete Strategien und Taktiken. Nutzen Sie die Erkenntnisse, um Ihre Marketingentscheidungen zu lenken, Ressourcen effektiv einzusetzen und Ihre Kampagnen für bessere Ergebnisse zu optimieren.

Durch die Analyse relevanter Kennzahlen und die Interpretation von Daten können Unternehmen wertvolle Erkenntnisse gewinnen, um ihre Marketingstrategien zu verbessern und bessere Ergebnisse zu erzielen. Eine regelmäßige Datenanalyse und Interpretation hilft dabei, Trends zu identifizieren, Chancen aufzudecken und datenbasierte Entscheidungen zu treffen, die zu optimierten Kampagnen und einer erhöhten Rendite führen.

Datenbasierte Entscheidungen zur kontinuierlichen Verbesserung treffen

Datenbasierte Entscheidungen zur kontinuierlichen Verbesserung sind ein entscheidender Prozess im modernen Marketing. Indem Unternehmen Datenanalysen nutzen, können sie ihre Strategien optimieren, Kundenerlebnisse verbessern und bessere Ergebnisse erzielen. Hier sind die Schritte zur datenbasierten Entscheidungsfindung zur kontinuierlichen Verbesserung:

Klare Ziele definieren

Beginnen Sie damit, Ihre Ziele und Leistungskennzahlen (KPIs) auf Grundlage Ihrer Geschäftsziele klar zu definieren. Diese Ziele sollten spezifisch, messbar, erreichbar, relevant und zeitgebunden (SMART) sein. Klare Ziele bieten einen Rahmen für die Datenanalyse und die Bewertung der Leistung.

Relevante Daten sammeln

Sammeln Sie relevante Daten aus verschiedenen Quellen wie Analysetools, Kundenbefragungen, Social-Media-Monitoring und Verkaufsberichten. Stellen Sie sicher, dass die gesammelten Daten mit Ihren definierten Zielen übereinstimmen und spezifische Fragen zu Ihren Marketingbemühungen beantworten.

Daten analysieren und interpretieren

Analysieren Sie die gesammelten Daten, um Muster, Trends und Erkenntnisse zu identifizieren. Verwenden Sie Datenvisualisierungstechniken wie Diagramme, Grafiken und Dashboards, um die Interpretation und Kommunikation der Ergebnisse zu erleichtern. Suchen Sie nach Korrelationen, Kausalitäten und Anomalien in den Daten, um ein tieferes Verständnis der Leistung zu erlangen.

Vergleich mit Benchmarks

Vergleichen Sie Ihre Daten mit etablierten Benchmarks, Branchenstandards oder früheren Leistungen, um den Fortschritt zu bewerten und Verbesserungsbereiche zu identifizieren. Benchmarking hilft dabei, Kontext zu schaffen und Bereiche zu identifizieren, in denen Ihre Marketingbemühungen herausragen oder verbessert werden können.

Chancen und Herausforderungen identifizieren

Nutzen Sie die Daten, um Chancen zur Optimierung und Bereiche mit Herausforderungen zu identifizieren. Identifizieren Sie Stärken, die genutzt werden können, und Schwächen, die verbessert werden müssen. Bestimmen Sie, wo Änderungen vorgenommen werden können, um die Leistung zu verbessern und bessere Ergebnisse zu erzielen.

Hypothesen generieren

Basierend auf den Daten und identifizierten Chancen generieren Sie Hypothesen oder Annahmen über potenzielle Maßnahmen oder Veränderungen, die zu Verbesserungen führen könnten. Diese Hypothesen sollten auf datenbasierten Erkenntnissen basieren und mit Ihren Zielen übereinstimmen.

Testen und Experimentieren

Entwerfen Sie Experimente oder Tests, um die Hypothesen zu validieren und weitere Daten zu sammeln. Dies kann A/B-Tests verschiedener Marketingstrategien, Änderungen von Website-Elementen oder das Ausprobieren neuer Werbekanäle umfassen. Kontrollierte Experimente ermöglichen es Ihnen, die Auswirkungen spezifischer Veränderungen zu messen und ihre Wirksamkeit zu bewerten.

Überwachen und Messen der Ergebnisse

Überwachen Sie kontinuierlich die Ergebnisse Ihrer Experimente oder Veränderungen. Sammeln Sie Daten zur Leistung verschiedener Varianten oder Ansätze, um ihre Auswirkungen auf die definierten KPIs zu bewerten. Diese laufende Messung hilft dabei, die Wirksamkeit Ihrer Entscheidungen zu validieren und weitere Anpassungen vorzunehmen.

Iterieren und optimieren

Basierend auf den Ergebnissen und gewonnenen Erkenntnissen optimieren Sie Ihre Marketingstrategien. Treffen Sie datenbasierte

Entscheidungen, um Ihre Ansätze zu verfeinern, unwirksame Taktiken zu verwerfen und hochperformante Initiativen zu priorisieren. Testen, messen und justieren Sie kontinuierlich, um kontinuierliche Verbesserungen zu erzielen.

Kommunizieren und Abstimmen

Kommunizieren Sie die Erkenntnisse aus der Datenanalyse an wichtige Stakeholder in Ihrem Unternehmen. Stellen Sie sicher, dass Entscheidungsträger und Teammitglieder die datenbasierte Vorgehensweise verstehen und die Gründe für strategische Veränderungen nachvollziehen können. Fördern Sie eine Kultur datenbasierter Entscheidungsfindung im gesamten Unternehmen.

Indem Sie diesen Schritten folgen, können Unternehmen die Kraft der Daten nutzen, um fundierte Entscheidungen zu treffen, ihre Marketingbemühungen zu optimieren und kontinuierliche Verbesserungen zu erzielen. Verfolgen Sie einen Zyklus aus Datenerhebung, -analyse, Experimenten und Optimierung, um im Laufe der Zeit bessere Ergebnisse zu erzielen. Datenbasierte Entscheidungsfindung fördert eine Kultur von Agilität, Anpassungsfähigkeit und Innovation, was zu verbesserten Marketingstrategien und langfristigem Erfolg führt.

KAPITEL 11

Aufkommende Trends und die Zukunft des digitalen Marketings

erkundet die aufregende Welt aufkommender Trends und die Zukunft des digitalen Marketings. Da sich die Technologie weiterentwickelt und das Verhalten der Verbraucher ändert, müssen Unternehmen immer einen Schritt voraus sein, um wettbewerbsfähig zu bleiben und im digitalen Umfeld erfolgreich zu sein.

Künstliche Intelligenz (KI) und maschinelles Lernen

Künstliche Intelligenz (KI) und maschinelles Lernen revolutionieren die digitale Marketinglandschaft. KI-gesteuerte Tools und Algorithmen ermöglichen es Unternehmen, Aufgaben zu automatisieren, große Datenmengen zu analysieren und personalisierte Erlebnisse für Kunden zu bieten. Von Chatbots und virtuellen Assistenten bis hin zu Predictive Analytics und Empfehlungssystemen verändern KI und maschinelles Lernen, wie Unternehmen mit ihrem Publikum interagieren und Marketingstrategien optimieren.

Sprachsuche und intelligente Lautsprecher

Der Aufstieg der Sprachsuche und intelligenter Lautsprecher wie Amazon Echo oder Google Home verändert die Art und Weise, wie Verbraucher mit Technologie interagieren. Sprachgesteuerte Assistenten sind zu einem integralen Bestandteil des Alltags der Menschen geworden, und Unternehmen müssen ihre digitalen Marketingstrategien an diese Veränderung anpassen. Die Optimierung von Inhalten für die Sprachsuche, die Entwicklung von sprachbasierten Werbekampagnen und die Schaffung nahtloser sprachaktivierter Erlebnisse sind wichtige Überlegungen für die Zukunft des digitalen Marketings.

Erweiterte Realität (AR) und Virtuelle Realität (VR)

Erweiterte Realität (AR) und Virtuelle Realität (VR) bieten immersive Erlebnisse, die die Kluft zwischen der digitalen und der physischen Welt überbrücken. AR- und VR-Technologien werden zunehmend im digitalen Marketing eingesetzt, um interaktive und ansprechende Kampagnen zu erstellen. Von virtuellen Produktanproben bis hin zu immersivem Markenerzählen haben AR und VR das Potenzial, das Publikum zu fesseln und einzigartige Markenerlebnisse zu bieten.

Entwicklung des Influencer-Marketings

Das Influencer-Marketing entwickelt sich weiter, da sowohl Unternehmen als auch Verbraucher anspruchsvoller werden. Authentizität, Transparenz und langfristige Partnerschaften gewinnen an Bedeutung bei Influencer-Kooperationen. Mikro-Influencer mit ihren hochengagierten Nischenzielgruppen gewinnen an Bedeutung, und Unternehmen konzentrieren sich darauf, bedeutsame Beziehungen zu Influencern aufzubauen, die sich mit ihren Markenwerten vereinbaren. Da das Influencer-Marketing reift, müssen Unternehmen ihre Strategien anpassen, um echte Verbindungen und gegenseitigen Nutzen zu gewährleisten.

Personalisierung und Kundenerlebnis

Personalisierung und Kundenerlebnis werden auch in Zukunft entscheidend für den Erfolg des digitalen Marketings sein. Kunden erwarten maßgeschneiderte Erlebnisse, die ihren Vorlieben und Bedürfnissenentsprechen. Durch die Nutzung von Daten-Einblicken können Unternehmen personalisierte Inhalte, Produktempfehlungen und gezielte Botschaften bereitstellen. Durch das Verständnis ihrer Zielgruppe und die Bereitstellung außergewöhnlicher Kundenerlebnisse an allen Berührungspunkten können Unternehmen Kundenbindung fördern, Engagement steigern und einen Wettbewerbsvorteil erlangen.

Datenschutz und Datensicherheit

Datenschutzbedenken und Vorschriften zum Schutz von Daten verändern die digitale Marketinglandschaft. Verbraucher sind sich zunehmend ihrer Datenschutzrechte bewusst und erwarten Transparenz und Sicherheit von Unternehmen. Strengere Vorschriften wie die Datenschutz-Grundverordnung (DSGVO) und der California Consumer Privacy Act (CCPA) erfordern, dass Unternehmen personenbezogene Daten verantwortungsvoll handhaben. Die Einhaltung von Datenschutzrichtlinien und die Übernahme transparenter Datenpraktiken werden entscheidend sein, um das Vertrauen der Verbraucher zu wahren und die Einhaltung sicherzustellen.

Indem Unternehmen diese aufkommenden Trends verstehen und sich auf die Zukunft des digitalen Marketings vorbereiten, können sie sich einen Wettbewerbsvorteil verschaffen und erfolgreiche Marketingstrategien entwickeln. Die Bereiche künstliche Intelligenz, Sprachsuche, erweiterte Realität, Influencer-Marketing, Personalisierung und Datenschutz werden weiterhin die Entwicklung des digitalen Marketings prägen und neue Chancen für Unternehmen schaffen.

Mobile-First-Ansatz und Progressive Web Apps

Mobile Geräte sind zur primären Schnittstelle zur digitalen Welt geworden, und ein Mobile-First-Ansatz ist entscheidend für erfolgreiches digitales Marketing. Die Optimierung von Websites und Anwendungen für mobile Geräte, die Schaffung nahtloser Benutzererlebnisse und die Nutzung von Progressive Web App (PWA)-Technologien ermöglichen es Unternehmen, Benutzer auf ihren mobilen Geräten effektiv einzubeziehen. Mobile Zahlungen, standortbasiertes Marketing und mobile-zentrierte Werbung werden die Zukunft des digitalen Marketings weiterhin prägen.

Datengetriebene Entscheidungsfindung und Marketinganalytik

Datengetriebene Entscheidungsfindung und Marketinganalytik bleiben im Kern der digitalen Marketingstrategien. Mit zunehmender Datenmenge müssen Unternehmen Analysetools nutzen und Daten interpretieren, um handlungsrelevante Erkenntnisse zu gewinnen. Fortgeschrittene Analysetechniken wie Predictive Analytics und Customer

Journey Mapping werden Marketingstrategien vorantreiben, Kampagnen optimieren und Kundenerlebnisse verbessern.

Durch die Annahme aufkommender Trends und das Verständnis der Zukunft des digitalen Marketings können Unternehmen sich an die Spitze setzen und neue Chancen nutzen. Die Anpassung an technologische Fortschritte, die Priorisierung von Personalisierung und Kundenerlebnis, die Einhaltung von Datenschutzvorschriften und die Nutzung von Daten-Einblicken sind entscheidend, um in der sich ständig weiterentwickelnden digitalen Landschaft erfolgreich zu sein.

Entdecken Sie die neuesten Trends und Technologien

Die Erkundung der neuesten Trends und Technologien ist für Unternehmen von entscheidender Bedeutung, um wettbewerbsfähig zu bleiben und das volle Potenzial des digitalen Marketings auszuschöpfen. In dieser sich schnell entwickelnden Landschaft kann das Auf dem Laufenden bleiben über die neuesten Trends und die Einführung aufkommender Technologien Unternehmen einen erheblichen Vorteil verschaffen. Hier sind einige der neuesten Trends und Technologien, die das digitale Marketing prägen:

Chatbots und Conversational Marketing

Chatbots, die von künstlicher Intelligenz (KI) unterstützt werden, verändern die Kundeninteraktion. Sie bieten sofortige Antworten, personalisierte Empfehlungen und effiziente Kundenunterstützung. Conversational Marketing, über Chatbots oder Messaging-Apps, ermöglicht Unternehmen eine Echtzeit-Kommunikation mit Kunden, persönliche Erlebnisse und eine Steigerung der Konversionen.

Video-Marketing und Live-Streaming

Videoinhalte dominieren weiterhin digitale Plattformen, mit dem Aufstieg von Plattformen wie YouTube, TikTok und Instagram Reels. Unternehmen nutzen Video-Marketing, um packende Geschichten zu erzählen, Produkte zu präsentieren und Zielgruppen zu begeistern. Live-Streaming hat ebenfalls an Popularität gewonnen, ermöglicht Unternehmen eine Echtzeit-Kommunikation mit ihrer Zielgruppe, das Durchführen von Live-Veranstaltungen und die Bereitstellung interaktiver Erlebnisse.

User-generated Content (UGC)

Vom Benutzer generierte Inhalte sind zu einem mächtigen Marketinginstrument geworden. Wenn Kunden dazu ermutigt werden, Inhalte im Zusammenhang mit einer Marke oder einem Produkt zu erstellen und zu teilen, entsteht Authentizität, Vertrauen und sozialer Beweis. UGC-Kampagnen wie Hashtags oder Wettbewerbe fördern die Interaktion, erweitern die Reichweite der Marke und fördern ein Gemeinschaftsgefühl.

Die Entwicklung des Influencer-Marketings

Das Influencer-Marketing entwickelt sich weiter, hin zu langfristigen Partnerschaften und authentischer Markenzusammenarbeit. Micro-Influencer mit ihren spezialisierten Zielgruppen und höheren Engagement-Raten gewinnen an Bedeutung. Marken konzentrieren sich auf echte Verbindungen, arbeiten mit Influencern zusammen, die ihre Werte teilen, und erstellen gemeinsam bedeutsamen Inhalt.

Personalisierung und Hyper-Targeting

Kunden erwarten personalisierte Erlebnisse, und Hyper-Targeting ermöglicht Unternehmen, relevante Inhalte an spezifische Zielgruppen zu liefern. Durch die Nutzung von Daten-Einblicken können Unternehmen ihre Zielgruppe segmentieren, personalisierte Empfehlungen geben und ihre Messaging entsprechend den individuellen Vorlieben und Verhaltensweisen anpassen.

Optimierung für Sprachsuche

Die zunehmende Verbreitung von sprachgesteuerten Assistenten wie Amazon Alexa und Google Assistant hat zu einem Anstieg der Sprachsuche geführt. Die Optimierung von Inhalten für sprachgesteuerte

Suchanfragen und das Verständnis natürlicher Sprachverarbeitung sind entscheidend, um in den Ergebnissen der Sprachsuche aufzutauchen und sprachfreundliche Erlebnisse zu bieten.

Augmented Reality (AR) und Virtual Reality (VR)

AR- und VR-Technologien verändern digitale Erlebnisse. Marken nutzen AR für virtuelle Anprobiermöglichkeiten, Produktvisualisierungen und immersive Markenerzählungen. VR wird für virtuelle Touren, Events und interaktive Erlebnisse eingesetzt. Diese Technologien verbessern die Interaktion, bieten einzigartige Markenerlebnisse und schaffen eine Verbindung zwischen der physischen und digitalen Welt.

Social Commerce

Social-Media-Plattformen entwickeln sich zu E-Commerce-Zentren, die es Unternehmen ermöglichen, Produkte direkt in den sozialen Medien zu verkaufen. Funktionen wie shoppable Posts und In-App-Checkout erleichtern den Kaufprozess, steigern die Konversionen und bieten ein nahtloses Einkaufserlebnis.

Datenschutz und Datensicherheit

Angesichts zunehmender Bedenken hinsichtlich des Datenschutzes müssen Unternehmen die Sicherheit und den ethischen Umgang mit Kundendaten priorisieren. Die Einhaltung von Datenschutzbestimmungen, die Einholung von Einwilligungen und die Implementierung robuster Sicherheitsmaßnahmen sind entscheidend, um das Vertrauen der Kunden zu wahren und rechtlichen Anforderungen zu entsprechen.

Künstliche Intelligenz (KI) für Automatisierung und Personalisierung

KI-gesteuerte Tools und Algorithmen automatisieren Prozesse, analysieren Daten und ermöglichen Personalisierung im großen Maßstab. KI kann E-Mail-Kampagnen automatisieren, personalisierte Inhaltsempfehlungen geben und die Ausrichtung von Werbeanzeigen optimieren, um Effizienz zu verbessern und maßgeschneiderte Erlebnisse für Kunden zu liefern.

Die Erkundung dieser neuesten Trends und Technologien ermöglicht es Unternehmen, Chancen zu erkennen, Kunden effektiv einzubeziehen und Innovationen in ihre digitalen Marketingstrategien einzubringen. Durch die Annahme dieser Trends und die Nutzung aufkommender Technologien können Unternehmen auf dem neuesten Stand bleiben und in der sich ständig weiterentwickelnden digitalen Landschaft florieren.

Vorbereitung auf zukünftige Veränderungen in der digitalen Marketinglandschaft

Sich auf zukünftige Veränderungen im digitalen Marketing vorzubereiten, ist entscheidend, um sicherzustellen, dass Unternehmen agil, anpassungsfähig und wettbewerbsfähig bleiben. Mit dem Fortschreiten der Technologie, dem Wandel des Konsumentenverhaltens und der Entwicklung der Märkte ist es wichtig, diese Veränderungen vorauszusehen und proaktiv darauf zu reagieren. Hier sind einige Strategien, um sich auf zukünftige Veränderungen im digitalen Marketing vorzubereiten:

Bleiben Sie informiert und lernen Sie kontinuierlich dazu

Suchen Sie aktiv nach Informationen über aufkommende Trends, Technologien und Brancheneinblicke. Halten Sie sich über die neuesten Nachrichten auf dem Laufenden, nehmen Sie an Branchenkonferenzen teil, nehmen Sie an Webinaren teil und tauschen Sie sich mit Meinungsführern aus. Übernehmen Sie eine Einstellung des kontinuierlichen Lernens, um immer einen Schritt voraus zu sein und zukünftige Veränderungen im digitalen Marketing vorherzusehen.

Fördern Sie eine innovative Kultur

Ermutigen Sie in Ihrem Unternehmen ein Umfeld, das Innovation und Experimentieren fördert. Schaffen Sie eine Kultur, die Veränderung begrüßt, neue Ideen aufnimmt und Teammitglieder ermutigt, innovative Strategien zu erkunden. Fördern Sie die Zusammenarbeit zwischen Abteilungen, um neue Perspektiven zu generieren und Innovationen voranzutreiben.

Setzen Sie auf datenbasierte Entscheidungsfindung

Investieren Sie in robuste Analysetools, entwickeln Sie datenbasierte Fähigkeiten und etablieren Sie Prozesse zur Erfassung, Analyse und Interpretation von Daten. Nutzen Sie Daten-Erkenntnisse, um fundierte Entscheidungen zu treffen, Trends zu identifizieren und Chancen zu entdecken. Übernehmen Sie eine Kultur der datenbasierten Entscheidungsfindung, um Marketingstrategien zu optimieren und bessere Ergebnisse zu erzielen.

Betonen Sie die kundenorientierte Ausrichtung

Stellen Sie den Kunden in den Mittelpunkt Ihrer digitalen Marketingaktivitäten. Investieren Sie in das Verständnis der Bedürfnisse, Vorlieben und Verhaltensweisen der Kunden durch Marktforschung, Umfragen und Kundenfeedback. Antizipieren Sie Kundenanforderungen und richten Sie Ihre Strategien darauf aus, außergewöhnliche Kundenerlebnisse an allen Berührungspunkten zu bieten.

Entwickeln Sie einen agilen Marketingansatz

Wenden Sie einen agilen Marketingansatz an, der es Ihnen ermöglicht, schnell auf Marktschwankungen zu reagieren und Ihre Strategien entsprechend anzupassen. Befürworten Sie iterative Planung, häufige Tests und die Fähigkeit, basierend auf Daten und Kundenfeedback zu agieren. Betonen Sie Flexibilität und Wendigkeit in Ihren Marketingaktivitäten.

Nutzen Sie Automatisierung und künstliche Intelligenz (KI)

Erkunden Sie das Potenzial von Automatisierung und KI-Technologien, um Marketingprozesse zu optimieren, die Effizienz zu steigern und personalisierte Erlebnisse im großen Maßstabzu liefern. Automatisieren Sie repetitive Aufgaben, nutzen Sie KI-Algorithmen für die Datenanalyse und setzen Sie KI-gesteuerte Chatbots für Kundeninteraktionen ein. Informieren Sie sich über aufkommende Automatisierungs- und KI-Lösungen, die Ihren Marketingbemühungen zugutekommen können.

Bauen Sie starke Partnerschaften auf

Fördern Sie strategische Partnerschaften mit Technologieanbietern, Agenturen und Branchenexperten, die Ihnen helfen können, zukünftige Veränderungen im digitalen Marketing zu bewältigen. Arbeiten Sie mit Partnern zusammen, die spezialisiertes Fachwissen und innovative Lösungen einbringen, um an vorderster Front aufkommende Trends und Technologien zu bleiben.

Antizipieren Sie regulatorische Veränderungen

Informieren Sie sich über sich entwickelnde Datenschutzbestimmungen und stellen Sie sicher, dass Sie die relevanten Gesetze einhalten. Antizipieren Sie mögliche Änderungen in den Vorschriften zum Datenschutz und zur Privatsphäre, die sich auf Ihre Marketingstrategien auswirken könnten. Implementieren Sie transparente Datenpraktiken und setzen Sie den Schutz der Privatsphäre der Verbraucher an oberste Stelle, um das Vertrauen zu wahren und langfristige Beziehungen zu Kunden aufzubauen.

Überwachen Sie Wettbewerber und Branchentrends

Behalten Sie die Aktivitäten Ihrer Wettbewerber und die Branchentrends genau im Auge. Beobachten Sie deren digitale Marketingstrategien, neue Initiativen und Ansätze zur Kundenbindung. Lernen Sie aus deren Erfolgen und Misserfolgen, passen Sie Ihre Strategien an die Marktdynamik an und differenzieren Sie Ihre Marke, um der Konkurrenz einen Schritt voraus zu sein.

Fördern Sie eine agile digitale Infrastruktur

Stellen Sie sicher, dass Ihre digitale Infrastruktur skalierbar, anpassungsfähig und in der Lage ist, zukünftige technologische Entwicklungen zu bewältigen. Investieren Sie in robuste Content-Management-Systeme, skalierbare Hosting-Lösungen und flexible Technologie-Frameworks, die die Integration neuer Tools und Plattformen unterstützen können.

Durch die Vorbereitung auf zukünftige Veränderungen im digitalen Marketing können Unternehmen sich in einer sich ständig verändernden Umgebung erfolgreich positionieren. Durch das aktive Einholen von Informationen, die Förderung von Innovationen, die Nutzung von Daten und die Fokussierung auf kundenorientierte Lösungen können Unternehmen sich proaktiv auf aufkommende Trends und Technologien einstellen und im digitalen Markt erfolgreich sein.

Nutzen Sie die Kraft künstlicher Intelligenz und Automatisierung

Die Nutzung der Vorteile von künstlicher Intelligenz (KI) und Automatisierung ist im Bereich des digitalen Marketings immer wichtiger geworden. KI- und Automatisierungstechnologien bieten Unternehmen die Möglichkeit, Prozesse zu optimieren, Kampagnen zu verbessern und personalisierte Erlebnisse im großen Maßstab zu liefern. Hier ist, wie Unternehmen KI und Automatisierung in ihren digitalen Marketingstrategien nutzen können:

Datenanalyse und Erkenntnisse

KI-gesteuerte Tools können große Datenmengen analysieren und wertvolle Erkenntnisse gewinnen. Durch maschinelles Lernen können Algorithmen Muster, Trends und Zusammenhänge in Datensätzen erkennen, was Unternehmen zu datengetriebenen Entscheidungen befähigt. Durch die Nutzung von KI für die Datenanalyse können Unternehmen handlungsrelevante Erkenntnisse gewinnen, die Marketingstrategien vorantreiben und die Leistung von Kampagnen optimieren.

Personalisierung im großen Maßstab

KI und Automatisierung ermöglichen es Unternehmen, personalisierte Erlebnisse im großen Maßstab anzubieten. Durch die Nutzung von Kundendaten können KI-Algorithmen Zielgruppen segmentieren, Kundenprofile erstellen und zielgerichtete Nachrichten und Empfehlungen ausspielen. Personalisierung steigert das Engagement der Kunden, erhöht die Konversionsrate und fördert langfristige Kundenbindung.

Chatbots und virtuelle Assistenten

Durch KI-gesteuerte Chatbots und virtuelle Assistenten werden Kundeninteraktionen verbessert und Echtzeit-Support bereitgestellt. Diese intelligenten Chat-Systeme können Kundenanfragen bearbeiten, bei Produktempfehlungen helfen und personalisierte Unterstützung bieten. Chatbots helfen Unternehmen, sofortige Antworten bereitzustellen, die Kundenzufriedenheit zu verbessern und menschliche Ressourcen für komplexere Aufgaben freizusetzen.

Marketingautomatisierung

Marketingautomatisierungsplattformen ermöglichen es Unternehmen, wiederkehrende Marketingaufgaben und Workflows zu automatisieren. Von E-Mail-Kampagnen bis hin zur Planung von Social-Media-Beiträgen automatisiert die Automatisierung Prozesse, spart Zeit und stellt eine konsistente Kommunikation über verschiedene Kanäle sicher. Unternehmen können personalisierte Kundenreisen erstellen, Leads pflegen und relevante Kommunikationen basierend auf dem Nutzerverhalten auslösen.

Predictive Analytics

KI-gesteuerte Predictive Analytics helfen Unternehmen, das Kundenverhalten, Trends und Ergebnisse vorherzusagen. Durch die Analyse historischer Daten können prädiktive Modelle zukünftige Kundenpräferenzen vorhersagen, hochwertige Leads identifizieren und Marketingstrategien optimieren. Predictive Analytics ermöglicht es Unternehmen, proaktive Entscheidungen zu treffen und strategische Maßnahmen für bessere Ergebnisse umzusetzen.

Content-Erstellung und -Kuration

KI-Technologie kann bei der Erstellung und Kuration von Inhalten unterstützen. Algorithmen für die natürliche Sprachverarbeitung (NLP) können schriftliche Inhalte generieren, Social-Media-Beiträge automatisieren und personalisierte Empfehlungen basierend auf den Nutzervorlieben ausspielen. KI-gestützte Tools können auch relevante Inhalte aus verschiedenen Quellen kuratieren und somit Zeit und Aufwand bei der Content-Erstellung sparen.

Ad-Optimierung

KI-gesteuerte Algorithmen können digitale Werbekampagnen in Echtzeit optimieren. Diese Algorithmen analysieren das Nutzerverhalten, die Kampagnenleistung und Markttrends, um Gebotsstrategien anzupassen, bestimmte Zielgruppensegmente anzusprechen und die Werbeausgaben effektiver zu verteilen. Die KI-gesteuerte Ad-Optimierung maximiert den ROI und verbessert die Genauigkeit der Werbeausrichtung.

Voice Search und SEO

KI-Technologien spielen eine bedeutende Rolle bei der Optimierung für die Sprachsuche. Die natürliche Sprachverarbeitung ermöglicht es Suchmaschinen, gesprochene Anfragen besser zu verstehen, und Unternehmen können KI nutzen, um ihre Website-Inhalte für die Sprachsuche zu optimieren. Durch die Integration von Voice Search-Strategien in ihre SEO-Bemühungen können Unternehmen den Sprach-Suchverkehr erfassen und ihre Sichtbarkeit verbessern.

Social-Media-Management

KI-Tools unterstützen beim Social-Media-Management, indem sie die Performance von Inhalten analysieren, optimale Posting-Zeiten vorschlagen und die automatische Beantwortung von Social-Media-Anfragen ermöglichen. KI-Algorithmen können auch Trendthemen, Sentiment-Analyse und Wettbewerbsanalysen identifizieren und somit Erkenntnisse für die Optimierung von Social-Media-Strategien liefern.

Kundeneinblicke und Sentiment-Analyse

KI-gesteuerte Sentiment-Analyse-Tools helfen Unternehmen dabei, Gespräche in sozialen Medien, Kundenbewertungen und Erwähnungen im Internet zu überwachen. Durch die Analyse des Sentiments gewinnen Unternehmen Einblicke in die Wahrnehmung der Kunden, ihr Feedback und den Ruf der Marke. KI-Tools ermöglichen es Unternehmen, aufkommende Trends zu identifizieren, Kundenbedenken schnell anzusprechen und proaktiv mit ihrem Publikum in Kontakt zu treten.

Durch die Nutzung der Kraft von KI und Automatisierung können Unternehmen ihre Prozesse optimieren, wertvolle Erkenntnisse gewinnen, die Personalisierung verbessern und ihre digitalen Marketingstrategien optimieren. Durch die Integration dieser Technologien können Unternehmen außergewöhnliche Kundenerlebnisse bieten, bessere Ergebnisse erzielen und in der sich ständig verändernden digitalen Landschaft wettbewerbsfähig bleiben.

KAPITEL 12
Erstellung eines umsetzbaren Digital-Marketing-Plans

konzentriert sich auf die Erstellung eines umsetzbaren Digital-Marketing-Plans, der sich mit den Unternehmenszielen deckt und Unternehmen dabei unterstützt, ihre Marketingziele effektiv zu erreichen. Ein gut strukturierter und umfassender Digital-Marketing-Plan liefert einen Fahrplan für die Umsetzung von Strategien, die Zuweisung von Ressourcen und die Messung des Erfolgs. Hier erfahren Sie, wie Unternehmen einen umsetzbaren Digital-Marketing-Plan erstellen können:

Definieren Sie Ziele und Key Results (OKRs)

Beginnen Sie damit, Ihre Marketingziele und Key Results klar zu definieren. Diese Ziele sollten spezifisch, messbar, erreichbar, relevant und zeitgebunden sein (SMART). Stimmen Sie Ihre Ziele mit Ihren allgemeinen Geschäftszielen ab, um sicherzustellen, dass Ihre digitalen Marketingmaßnahmen zur umfassenderen Unternehmensstrategie beitragen. Legen Sie Schlüsselkennzahlen fest, um Fortschritte zu verfolgen und den Erfolg zu messen.

Führen Sie Marktforschung und Kundenanalyse durch

Führen Sie gründliche Marktforschung durch, um Ihre Zielgruppe, Branchentrends und den Wettbewerbsmarkt zu verstehen. Analysieren Sie das Verhalten, die Vorlieben und die Schmerzpunkte Ihrer Kunden, um Ihre Marketingstrategien entsprechend anzupassen. Identifizieren Sie Marktmöglichkeiten, aufstrebende Trends und potenzielle Herausforderungen, die sich auf Ihren Digital-Marketing-Plan auswirken können. Ein tiefgreifendes Verständnis Ihrer Zielgruppe beeinflusst Ihre Botschaften, Kanäle und Taktiken.

Entwickeln Sie zielgerichtete Buyer Personas

Erstellen Sie detaillierte Buyer Personas, die Ihre idealen Kunden repräsentieren. Diese Personas sind fiktive Darstellungen Ihrer Zielgruppe und enthalten demografische Informationen, Motivationen, Herausforderungen und bevorzugte Kommunikationskanäle. Die Entwicklung von Buyer Personas hilft Ihnen dabei, die Bedürfnisse Ihrer Kunden zu verstehen, Ihre Marketingbotschaften anzupassen und sie effektiver anzusprechen.

Bestimmen Sie digitale Marketingkanäle und Taktiken

Basierend auf Ihrer Marktforschung und den Buyer Personas identifizieren Sie die digitalen Marketingkanäle und Taktiken, die für Ihre Zielgruppe am relevantesten sind. Berücksichtigen Sie Kanäle wie Suchmaschinenmarketing, Social-Media-Marketing, E-Mail-Marketing, Content-Marketing und Partnerschaften mit Influencern. Wählen Sie die Kanäle und Taktiken aus, die mit Ihren Zielen übereinstimmen, Ihre Zielgruppe ansprechen und die besten Möglichkeiten bieten, Ihre Zielgruppe zu erreichen und zu engagieren.

Setzen Sie Budget fest und weisen Sie Ressourcen zu

Bestimmen Sie Ihr Digital-Marketing-Budget und weisen Sie entsprechend Ressourcen zu. Berücksichtigen Sie die Kosten für verschiedene Kanäle, Tools, Werbekampagnen, Content-Erstellung und Personal. Weisen Siedie Ressourcen basierend auf den Kanälen und Taktiken zu, die am effektivsten sind, um Ihre Zielgruppe zu erreichen und die gewünschten Ergebnisse zu erzielen. Überwachen Sie kontinuierlich Ihr Budget und passen Sie die Ressourcenzuweisung bei Bedarf basierend auf der Leistung und dem Return on Investment (ROI) an.

Entwickeln Sie einen Umsetzungsplan

Erstellen Sie einen detaillierten Umsetzungsplan für Ihre digitalen Marketingaktivitäten. Definieren Sie klare Meilensteine, Aufgaben und

Verantwortlichkeiten. Legen Sie einen Zeitplan fest und priorisieren Sie die Umsetzung Ihrer Strategien. Stellen Sie sicher, dass Ihr Plan flexibel genug ist, um auf Änderungen im Markt und auf Kundenfeedback zu reagieren.

Implementieren, Überwachen und Optimieren Sie

Setzen Sie Ihren Digital-Marketing-Plan in die Tat um. Implementieren Sie Ihre definierten Strategien, verfolgen Sie die Leistung Ihrer Marketingaktivitäten und analysieren Sie regelmäßig die Ergebnisse. Überwachen Sie die Kennzahlen, messen Sie den Erfolg anhand Ihrer definierten Ziele und nehmen Sie bei Bedarf Anpassungen vor, um Ihre Marketingstrategien zu optimieren.

Kontinuierliche Bewertung und Anpassung

Führen Sie regelmäßige Bewertungen Ihrer digitalen Marketingstrategien durch. Analysieren Sie die Daten, überprüfen Sie die Ergebnisse und identifizieren Sie Bereiche, in denen Optimierungen vorgenommen werden können. Halten Sie sich über neue Entwicklungen in der Branche auf dem Laufenden und passen Sie Ihre Strategien entsprechend an. Ein kontinuierlicher Evaluierungs- und Anpassungsprozess stellt sicher, dass Ihr Digital-Marketing-Plan immer den aktuellen Anforderungen und Zielen entspricht.

Indem Sie einen umsetzbaren Digital-Marketing-Plan erstellen und konsequent umsetzen, können Sie Ihre Marketingziele effektiv erreichen und den Erfolg Ihrer digitalen Marketingaktivitäten maximieren. Ein gut durchdachter Plan gibt Ihnen eine klare Richtung, hilft Ihnen, Ihre Ressourcen effizient einzusetzen und ermöglicht es Ihnen, auf dem sich ständig verändernden digitalen Markt wettbewerbsfähig zu bleiben.

Entwickeln Sie eine Content-Strategie und einen Redaktionsplan

Erstellen Sie eine Content-Strategie, die mit Ihren Zielen, Ihrer Zielgruppe und Ihren digitalen Kanälen übereinstimmt. Bestimmen Sie die Arten von Inhalten, die bei Ihrer Zielgruppe Resonanz finden, wie z.B. Blogbeiträge, Videos, Infografiken oder Podcasts. Entwickeln Sie einen

Redaktionsplan, der die Erstellung von Inhalten, Veröffentlichungsdaten und die Verteilung über verschiedene Kanäle umreißt. Stellen Sie sicher, dass Ihre Inhalte wertvoll, ansprechend und für Suchmaschinen optimiert sind, um den organischen Traffic und das Engagement Ihrer Zielgruppe zu steigern.

Implementieren Sie Conversion-Optimierungsstrategien

Fokussieren Sie sich auf die Optimierung Ihrer digitalen Assets und Conversion-Funnels, um die Konversionen zu maximieren. Implementieren Sie Strategien wie A/B-Tests, Optimierung der Website, Optimierung von Landing Pages und Optimierung von Handlungsaufforderungen (Call-to-Actions). Analysieren und verfeinern Sie kontinuierlich Ihren Conversion-Prozess, um die Benutzererfahrung zu verbessern, die Reibung zu reduzieren und die Konversionsraten zu erhöhen.

Legen Sie Key Performance Indicators (KPIs) und einen Messplan fest

Definieren Sie Key Performance Indicators (KPIs), die mit Ihren Zielen übereinstimmen und den Erfolg Ihrer digitalen Marketingmaßnahmen verfolgen. Kennzahlen können beispielsweise Website-Traffic, Konversionsraten, Engagement-Metriken, Kosten für Kundenakquise oder Return on Ad Spend sein. Entwickeln Sie einen Messplan, der beschreibt, wie Sie diese Kennzahlen erfassen, analysieren und berichten werden. Nutzen Sie Analysetools und Reporting-Dashboards, um Ihre Leistung regelmäßig zu überwachen und zu verfolgen.

Regelmäßige Evaluierung und Anpassung

Bewerten Sie regelmäßig die Leistung Ihrer digitalen Marketingmaßnahmen anhand Ihrer definierten KPIs. Analysieren Sie Daten, überprüfen Sie Erkenntnisse und messen Sie Ergebnisse, um Bereiche des Erfolgs und Bereiche zur Verbesserung zu identifizieren. Passen Sie kontinuierlich Ihre Strategien anhand von datengesteuerten Erkenntnissen, Marktveränderungen und Kundenfeedback an. Verfolgen

Sie einen iterativen Ansatz, testen Sie neue Taktiken und optimieren Sie Ihre Kampagnen, um kontinuierliche Verbesserungen zu erzielen.

Überwachen Sie Branchentrends und aufstrebende Technologien

Bleiben Sie über Branchentrends, aufstrebende Technologien und Veränderungen im Kundenverhalten auf dem Laufenden. Überwachen Sie kontinuierlich Veränderungen in den Plattformen für digitales Marketing, Algorithmen, Vorschriften und Kundenpräferenzen. Integrieren Sie neue Trends und Technologien, die mit Ihren Zielen übereinstimmen und das Potenzial haben, Ihre digitalen Marketingmaßnahmen zu verbessern.

Indem Sie diese Schritte befolgen und einen umsetzbaren Digital-Marketing-Plan erstellen, können Unternehmen ihre Marketinginitiativen strategisch umsetzen, Ressourcen effektiv zuweisen und den Erfolg ihrer Bemühungen messen. Ein gut durchdachter Plan bietet Orientierung und Richtung und stellt sicher, dass Unternehmen in der Lage sind, die dynamische Landschaft des digitalen Marketings zu bewältigen und ihre Marketingziele zu erreichen.

Alle Elemente zu einem kohärenten Plan zusammenführen

Das Zusammenführen aller Elemente zu einem kohärenten Plan ist der letzte Schritt bei der Erstellung einer umfassenden und umsetzbaren digitalen Marketingstrategie. Dieser Prozess beinhaltet die Integration der verschiedenen Komponenten, die Ausrichtung auf die Geschäftsziele und die Erstellung eines Fahrplans für die Umsetzung. Hier ist, wie Unternehmen alle Elemente zu einem kohärenten Plan zusammenführen können:

Beginnen Sie mit einer klaren Zusammenfassung für das Management

Fassen Sie die wichtigsten Bestandteile des digitalen Marketingplans in einer Zusammenfassung für das Management zusammen. Geben Sie einen Überblick über die Ziele, die Zielgruppe, ausgewählte Kanäle und erwartete Ergebnisse. Diese Zusammenfassung sollte den Entscheidungsträgern die Essenz des Plans prägnant vermitteln.

Gliedern Sie die Strategie

Präsentieren Sie eine detaillierte Gliederung der digitalen Marketingstrategie. Enthalten Sie Abschnitte zur Marktanalyse, Zielgruppenprofile, ausgewählten Kanälen und Taktiken, Content-Strategie, Conversion-Optimierung und Messplan. Jeder Abschnitt sollte klare Ziele, umsetzbare Schritte und erwartete Ergebnisse enthalten.

Definieren Sie Rollen und Verantwortlichkeiten

Definieren Sie klar die Rollen und Verantwortlichkeiten der Teammitglieder, die an der Umsetzung des digitalen Marketingplans beteiligt sind. Weisen Sie Aufgaben zu und etablieren Sie Verantwortlichkeit, um eine effektive Umsetzung sicherzustellen. Skizzieren Sie die benötigten Ressourcen, einschließlich Budgetzuweisung und technische Anforderungen.

Legen Sie einen Zeitplan fest

Entwickeln Sie einen Zeitplan, der die wichtigsten Meilensteine, Ergebnisse und Fristen für jede Phase des digitalen Marketingplans enthält. Dieser Zeitplan gewährleistet, dass der Plan rechtzeitig umgesetzt wird und ermöglicht eine Überwachung des Fortschritts während des Implementierungsprozesses.

Integrieren Sie den Plan in den gesamten Marketingplan

Stimmen Sie den digitalen Marketingplan mit der übergeordneten Marketingstrategie und den allgemeinen Geschäftszielen ab. Stellen Sie sicher, dass die digitalen Marketingmaßnahmen andere Marketinginitiativen ergänzen und unterstützen. Diese Integration fördert eine konsistente Botschaft, maximiert die Wirkung und verbessert die allgemeine Effektivität der Marketingmaßnahmen.

Überwachen und evaluieren Sie

Etablieren Sie ein System zur fortlaufenden Überwachung und Evaluation des digitalen Marketingplans. Überprüfen Sie regelmäßig wichtige Leistungskennzahlen (KPIs) und bewerten Sie die Wirksamkeit unterschiedlicher Taktiken und Kanäle. Identifizieren Sie Bereiche des Erfolgs und Bereiche, die Anpassungen oder Optimierungen erfordern. Treffen Sie datenbasierte Entscheidungen zur Verfeinerung des Plans und zur kontinuierlichen Verbesserung.

Kommunikation und Zusammenarbeit

Fördern Sie offene Kommunikation und Zusammenarbeit zwischen den Teammitgliedern, die an der Umsetzung des digitalen Marketingplans beteiligt sind. Teilen Sie regelmäßig Fortschrittsupdates, Erkenntnisse und Ergebnisse mit. Ermutigen Sie Feedback, Brainstorming-Sitzungen und den Austausch von Wissen, um das kollektive Fachwissen des Teams zu nutzen.

Bleiben Sie agil und passen Sie sich an

Erkennen Sie, dass sich die digitale Marketinglandschaft dynamisch entwickelt und Änderungen unterliegt. Bleiben Sie über aufkommende Trends, Technologien und Veränderungen im Verbraucherverhalten informiert. Nehmen Sie eine agile Denkweise an, um Flexibilität und Anpassungsfähigkeit zu ermöglichen. Verfeinern und optimieren Sie den Plan kontinuierlich, um neue Chancen zu nutzen und auf sich verändernde Herausforderungen zu reagieren.

Indem Sie alle Elemente zu einem kohärenten Plan zusammenführen, können Unternehmen ihre digitalen Marketingstrategien effektiv umsetzen, sie mit den Geschäftszielen in Einklang bringen und Erfolg in der sich ständig weiterentwickelnden digitalen Landschaft erzielen. Der kohärente Plan bietet einen Fahrplan für die Umsetzung, erleichtert die Kommunikation und Zusammenarbeit und ermöglicht eine fortlaufende Überwachung und Optimierung, um die gewünschten Ergebnisse zu erzielen.

Budgetierung und Ressourcenzuweisung

Budgetierung und Ressourcenzuweisung sind entscheidende Bestandteile eines erfolgreichen digitalen Marketingplans. Eine angemessene Zuweisung von Ressourcen stellt sicher, dass Marketingmaßnahmen effektiv umgesetzt werden und mit der Gesamtstrategie des Unternehmens übereinstimmen. So gehen Unternehmen bei der Budgetierung und Ressourcenzuweisung für ihre digitalen Marketingaktivitäten vor:

Definieren Sie Budgetziele

Beginnen Sie damit, klare Budgetziele festzulegen, die mit Ihren allgemeinen Geschäftszielen übereinstimmen. Berücksichtigen Sie die gewünschten Ergebnisse Ihres digitalen Marketingplans, wie beispielsweise die Steigerung der Markenbekanntheit, die Steigerung des Website-Traffics, die Generierung von Leads oder die Umsatzsteigerung. Diese Ziele dienen als Leitfaden für Ihre Budgetzuweisungsentscheidungen.

Bewerten Sie vorhandene Ressourcen

Bewerten Sie die für das digitale Marketing verfügbaren Ressourcen, einschließlich Personal, Technologie und finanzieller Mittel. Berücksichtigen Sie das Fachwissen und die Fähigkeiten Ihrer Teammitglieder, vorhandene Marketingtools und -plattformen sowie die finanzielle Leistungsfähigkeit Ihres Unternehmens. Die Bewertung vorhandener Ressourcen hilft dabei, den Umfang und die Ausrichtung Ihrer digitalen Marketinginitiativen zu bestimmen.

Priorisieren Sie Marketingkanäle und -taktiken

Basierend auf Ihrer Zielgruppe, Marktforschung und Geschäftszielen priorisieren Sie die digitalen Marketingkanäle und -taktiken, die die besten Ergebnisse liefern. Weisen Sie jedem ausgewählten Kanal oder Taktik einen Teil Ihres Budgets zu und berücksichtigen Sie deren potenzielle Reichweite, Effektivität und Kosten.

Berücksichtigen Sie fixe und variable Kosten

Unterscheiden Sie zwischen fixen und variablen Kosten in Ihrem digitalen Marketingbudget. Fixe Kosten sind laufende Ausgaben wie Software-Abonnements oder Gehälter, während variable Kosten von kampagnenspezifischen Bedürfnissen abhängen, wie beispielsweise Werbeausgaben oder Kosten für die Content-Erstellung. Durch die Zuweisung von Ressourcen zu fixen und variablen Kosten können Ausgaben effektiver verwaltet und verfolgt werden.

Testen und Optimieren

Erwägen Sie, einen Teil Ihres Budgets für Tests und Experimente bereitzustellen. Dadurch haben Sie die Möglichkeit, neue Strategien, Kanäle oder Taktiken in kleinerem Maßstab auszuprobieren und ihre Wirksamkeit zu bewerten, bevor Sie sie hochskalieren. Tests helfen dabei, Ihre Budgetzuweisung zu optimieren, indem Sie Ressourcen auf die wirkungsvollsten Ansätze konzentrieren.

Berücksichtigen Sie Kampagnenlebenszyklen

Bei der Ressourcenzuweisung sollten Sie den Lebenszyklus Ihrer digitalen Marketingkampagnen berücksichtigen. Einige Kampagnen erfordern möglicherweise mehr Ressourcen während der Anfangsphase, während andere kontinuierliche Betreuung und Optimierung erfordern. Weisen Sie Ressourcen entsprechend zu, um eine kontinuierliche Unterstützung während des gesamten Kampagnenlebenszyklus sicherzustellen.

Überwachen und Anpassen

Überwachen Sie regelmäßig die Leistung Ihrer digitalen Marketinginitiativen und verfolgen Sie die Rendite Ihrer Investitionen (ROI) für jeden Kanal und jede Taktik. Verwenden Sie Analyse- und Berichterstellungstools, um wichtige Leistungsindikatoren (KPIs) zu messen und die Wirksamkeit Ihrer Budgetzuweisung zu bewerten. Basierend auf den gewonnenen Erkenntnissen passen Sie Ihre Ressourcenzuweisung an, um Ihre Marketingbemühungen zu optimieren.

Partnerschaften und Outsourcing erkunden

Erwägen Sie die Zusammenarbeit mit externen Agenturen, Freelancern oder Beratern, um spezialisiertes Fachwissen zu nutzen und die Ressourcenzuweisung zu optimieren. Das Auslagern bestimmter

Aufgaben oder Projekte kann Kosteneinsparungen und Zugang zu einem breiteren Spektrum an Fähigkeiten und Möglichkeiten bieten, wodurch Ihr Team sich auf Kernkompetenzen konzentrieren kann.

Schritt halten mit Branchentrends

Bleiben Sie über sich entwickelnde Branchentrends, aufkommende Technologien und Veränderungen in digitalen Marketingplattformen informiert. Weisen Sie Ressourcen für Forschung und Schulungen zu, um sicherzustellen, dass Ihr Team stets auf dem neuesten Stand der Entwicklungen bleibt. Investitionen in Lernen und Weiterentwicklung gewährleisten, dass Ihre Ressourcen gut gerüstet sind, um effektive digitale Marketingstrategien umzusetzen.

ROI kontinuierlich bewerten

Bewerten Sie regelmäßig die Rendite Ihrer digitalen Marketinginitiativen. Beurteilen Sie die Auswirkungen Ihrer zugewiesenen Ressourcen auf das Erreichen Ihrer Marketingziele. Durch die Analyse des ROI können Sie datenbasierte Entscheidungen treffen, um Ihre Budgetzuweisung zu optimieren und Ressourcen auf Kanäle und Taktiken mit dem höchsten ROI zu konzentrieren.

Eine effektive Budgetierung und Ressourcenzuweisung sind entscheidend, um die Wirkung Ihrer digitalen Marketingbemühungen zu maximieren. Indem Sie Ressourcen mit Zielen in Einklang bringen, die Leistung überwachen und datenbasierte Anpassungen vornehmen, können Unternehmen ihre Budgetzuweisung optimieren, bessere Ergebnisse erzielen und ihre Marketingziele effizient erreichen.

Strategien überwachen, testen und optimieren

Das Überwachen, Testen und Optimieren von Strategien sind entscheidende Bestandteile eines erfolgreichen digitalen Marketingplans. Durch kontinuierliche Bewertung der Leistung Ihrer Marketingmaßnahmen, Tests neuer Ansätze und Optimierung Ihrer Strategien können Sie bessere Ergebnisse erzielen und Ihre Investitionsrendite maximieren. So gehen Unternehmen bei der

Überwachung, dem Testen und der Optimierung ihrer digitalen Marketingstrategien vor:

Festlegung von Leistungskennzahlen (KPIs)

Definieren Sie klare und messbare KPIs, die mit Ihren Zielen übereinstimmen. Diese KPIs könnten Website-Traffic, Conversion-Raten, Engagement-Metriken, Kundengewinnungskosten oder generierter Umsatz umfassen. Die Festlegung von KPIs bietet eine Benchmark zur Bewertung des Erfolgs Ihrer Strategien und zur Identifizierung von Verbesserungsmöglichkeiten.

Nutzung von Analysetools

Implementieren Sie leistungsstarke Analysetools wie Google Analytics, um die Leistung Ihrer digitalen Marketingbemühungen zu verfolgen und zu analysieren. Diese Tools liefern wertvolle Einblicke in das Nutzerverhalten, Traffic-Quellen, Conversion-Funnels und Kampagnenleistung. Überprüfen Sie regelmäßig Ihre Analyse-Daten, um Trends zu verstehen, Stärken und Schwächen zu identifizieren und datenbasierte Entscheidungen zu treffen.

Durchführung von A/B-Tests

A/B-Tests, auch Split-Tests genannt, beinhalten den Vergleich von zwei Versionen einer Webseite, Anzeige oder E-Mail, um herauszufinden, welche besser abschneidet. Testen Sie verschiedene Elemente wie Überschriften, Handlungsaufforderungen, visuelle Elemente oder das Layout von Landing Pages. Analysieren Sie die Ergebnisse, um die gewinnenden Variationen zu identifizieren und Ihre Marketingmaterialien basierend auf den Vorlieben der Nutzer zu optimieren.

Überwachung der Leistung von Conversion-Funnels

Bewerten Sie die Effektivität Ihrer Conversion-Funnels, indem Sie die Nutzerreise verfolgen und Bereiche des Abbruchs oder der Reibung identifizieren. Nutzen Sie Analyse-Daten, um herauszufinden, wo Nutzer den Funnel verlassen, und setzen Sie Optimierungen um, um die Conversion-Raten zu verbessern. Vereinfachen Sie die Benutzererfahrung, optimieren Sie Formulare und bieten Sie klare Handlungsaufforderungen, um die Conversion-Raten zu erhöhen.

Erfassen und Nutzen von Kundenfeedback

Bemühen Sie sich aktiv um Kundenfeedback durch Umfragen, Social-Media-Monitoring oder Interaktionen im Kundensupport. Achten Sie auf Kundenpräferenzen, Schmerzpunkte und Verbesserungsvorschläge. Nutzen Sie dieses Feedback, um Ihre Strategien zu verfeinern, Kundenanliegen anzusprechen und das gesamte Kundenerlebnis zu verbessern.

Schritt halten mit Branchentrends

Bleiben Sie über die neuesten Branchentrends, aufkommende Technologien und Veränderungen im Konsumentenverhalten informiert. Bewerten Sie regelmäßig, wie sich diese Trends auf Ihre Zielgruppe und Ihre Marketingstrategien auswirken können. Experimentieren Sie mit neuen Kanälen, Taktiken oder Technologien, die mit Ihren Zielen übereinstimmen und das Potenzial haben, bessere Ergebnisse zu erzielen.

Optimierung von Inhalten für Suchmaschinen

Optimieren Sie kontinuierlich Ihre Website-Inhalte für Suchmaschinen, um die organische Sichtbarkeit zu verbessern und Traffic zu generieren. Führen Sie Keyword-Recherche durch, optimieren Sie Meta-Tags, verbessern Sie die Ladezeiten der Website und stellen Sie sicher, dass Ihre Website mobilfreundlich ist. Überwachen Sie Suchmaschinen-Rankings und passen Sie Ihre Optimierungsstrategien an, um wettbewerbsfähig zu bleiben und Ihre Sichtbarkeit zu verbessern.

Nutzung von Retargeting und Remarketing

Setzen Sie Retargeting- und Remarketing-Kampagnen ein, um Nutzer erneut anzusprechen, die Interesse an Ihren Produkten oder Dienstleistungen gezeigt haben. Zielen Sie auf Nutzer ab, die Ihre Website besucht, den Warenkorb verlassen oder mit bestimmten Inhalten interagiert haben. Verwenden Sie maßgeschneiderte Botschaften und Angebote, um Conversions zu fördern und die Kundenbindung zu stärken.

Agile Marketingpraktiken übernehmen

Adoptieren Sie einen agilen Marketingansatz, der Flexibilität und schnelle Anpassungen ermöglicht. Bewerten Sie kontinuierlich die Leistung Ihrer Kampagnen, passen Sie Ihre Strategien basierend auf Daten-Erkenntnissen an und priorisieren Sie Maßnahmen, die die besten Ergebnisse liefern. Agile Praktiken ermöglichen es Ihnen, schnell auf Marktveränderungen, Kundenfeedback und aufkommende Chancen zu reagieren.

Kontinuierliches Lernen und Verbessern

Fördern Sie eine Kultur des kontinuierlichen Lernens und Verbesserns in Ihrem Marketingteam. Ermutigen Sie zum Wissensaustausch, nehmen Sie an Branchenveranstaltungen teil, besuchen Sie Webinare und bleiben Sie über die neuesten digitalen Marketingpraktiken auf dem Laufenden. Investieren Sie in Schulungen und berufliche Weiterentwicklung, um sicherzustellen, dass Ihr Team in einer sich ständig ändernden Landschaft kompetent und anpassungsfähig bleibt.

Durch Überwachung, Testen und Optimieren Ihrer digitalen Marketingstrategien können Sie Bereiche zur Verbesserung identifizieren, das Kundenerlebnis verbessern und bessere Ergebnisse erzielen. Der iterative Prozess von Tests und Optimierungen ermöglicht es Ihnen, Ihre Ansätze zu verfeinern, neue Chancen zu entdecken und sich in der dynamischen digitalen Marketinglandschaft einen Wettbewerbsvorteil zu verschaffen.

Abschließend, Zusammenfassend ist eine gut ausgearbeitete und umfassende digitale Marketingstrategie entscheidend für den Erfolg von Unternehmen in der heutigen wettbewerbsintensiven Landschaft. Durch die Nutzung der Möglichkeiten des digitalen Marketings können Unternehmen ihre Zielgruppe effektiv erreichen und einbinden, Markenbekanntheit steigern und ihre Marketingziele erreichen. Im Laufe dieses Buches haben wir verschiedene Aspekte des digitalen Marketings untersucht, angefangen von der Kenntnis der digitalen

Marketinglandschaft und ihrer Entwicklung bis hin zur Bedeutung der Zielsetzung, dem Aufbau effektiver Strategien und der Nutzung wichtiger digitaler Marketingkanäle.

- Wir sind auf die Bedeutung der Optimierung von Websites, der Benutzererfahrung, des Content-Marketings, des Social-Media-Marketings, des Suchmaschinenmarketings, des E-Mail-Marketings, der Partnerschaften mit Influencern, der Analytik und der aufkommenden Trends eingegangen, die die Zukunft des digitalen Marketings prägen. Jedes Kapitel lieferte wertvolle Einblicke, praktische Tipps und umsetzbare Strategien, um Unternehmen bei der Navigation durch die digitale Landschaft zu unterstützen und das Wachstum voranzutreiben.

- Wir haben die Bedeutung betont, über Branchentrends informiert zu bleiben, die Möglichkeiten künstlicher Intelligenz und Automatisierung zu nutzen sowie digitale Marketingstrategien kontinuierlich zu überwachen, zu testen und zu optimieren. Durch die Integration dieser Elemente in einen kohärenten digitalen Marketingplan können Unternehmen Ressourcen effektiv zuweisen, die Leistung verfolgen, sich an Veränderungen anpassen und gewünschte Ergebnisse erzielen.

- Die digitale Marketinglandschaft entwickelt sich ständig weiter und bietet sowohl Chancen als auch Herausforderungen. Unternehmen müssen agil sein, Innovationen fördern und einen kundenorientierten Ansatz verfolgen. Durch die kontinuierliche Analyse von Daten, die Überwachung des Verbraucherverhaltens und die Nutzung aufkommender Technologien können Unternehmen dem Wandel voraus sein und ihren Zielgruppen außergewöhnliche Erlebnisse bieten.

- Letztendlich liegt der Erfolg im digitalen Marketing in einer Kombination aus Kreativität, strategischem Denken, datenbasierter Entscheidungsfindung und Anpassungsfähigkeit. Durch die Umsetzung der in diesem Buch beschriebenen Prinzipien und Strategien können Unternehmen sich für den Erfolg positionieren, eine sinnvolle Verbindung zu ihren Kunden herstellen und nachhaltiges Wachstum im digitalen Zeitalter erreichen.

• Da sich die digitale Marketinglandschaft weiterentwickelt, ist es entscheidend für Unternehmen, informiert zu bleiben, sich an Veränderungen anzupassen und aufkommende Technologien und Trends zu nutzen. Dadurch können Unternehmen sich für den Erfolg positionieren und in der sich ständig verändernden digitalen Landschaft nachhaltige Ergebnisse erzielen.

www.ingramcontent.com/pod-product-compliance
Lightning Source LLC
LaVergne TN
LVHW061547070526
838199LV00077B/6935